大学生创新创业基础与指导研究

吴翠翠 张 宗 著

北京工业大学出版社

图书在版编目（CIP）数据

大学生创新创业基础与指导研究 / 吴翠翠，张宗著． — 北京：北京工业大学出版社，2021.11
ISBN 978-7-5639-8185-4

Ⅰ．①大… Ⅱ．①吴… ②张… Ⅲ．①大学生－创业－研究 Ⅳ．① G647.38

中国版本图书馆 CIP 数据核字（2021）第 228497 号

大学生创新创业基础与指导研究
DAXUESHENG CHUANGXIN CHUANGYE JICHU YU ZHIDAO YANJIU

著　　者：	吴翠翠　张　宗
责任编辑：	刘　蕊
封面设计：	知更壹点
出版发行：	北京工业大学出版社
	（北京市朝阳区平乐园 100 号　邮编：100124）
	010-67391722（传真）　bgdcbs@sina.com
经销单位：	全国各地新华书店
承印单位：	三河市腾飞印务有限公司
开　　本：	710 毫米 ×1000 毫米　1/16
印　　张：	11
字　　数：	220 千字
版　　次：	2023 年 4 月第 1 版
印　　次：	2023 年 4 月第 1 次印刷
标准书号：	ISBN 978-7-5639-8185-4
定　　价：	45.00 元

版权所有　翻印必究

（如发现印装质量问题，请寄本社发行部调换 010-67391106）

作者简介

第一作者

吴翠翠，女，1983年9月出生，湖北省荆门市人，毕业于武汉理工大学大学，硕士研究生学历，现任苏州大学应用技术学院讲师。研究方向：学生思想政治教育专业，创新创业教育。主持苏州市高职高专学生工作课题一项，参与江苏省哲学社会科学基金项目一项，参与苏州市高职高专学生工作课题一项，发表论文八篇。

第二作者

张宗，男，1983年12月出生，江苏省徐州市人，毕业于苏州大学，硕士研究生学历，现任苏州大学应用技术学院讲师。研究方向：学生思想政治教育专业，创新创业教育。主持苏州市高职高专院校学生工作课题一项，参与江苏省哲学社会科学基金项目一项，参与苏州市高职高专院校学生工作课题两项，参与昆山市哲学社会科学研究课题一项，参与苏州大学党建研究校级科研项目一项，发表论文两篇。

前　言

大众创业、万众创新已上升为国家战略，高校作为社会人才培养、输出的重要阵地，在创新创业大发展中具有举足轻重的作用。以新时代为契机，分析大学生创新创业面临的困境，提出高校教育新命题，为大学生创新创业提供支持。创新社会保障制度，务实消除创业顾虑，发挥高校教育资源优势，增强大学生信仰教育，构建大学生创新创业实践能力培养体系，探索创新创业教育长效评价机制，在高校内部形成大学生创新创业的驱动力和保障体系，有力推动全社会创新创业可持续发展。

全书共七章。第一章为绪论，主要阐述了创新与创业的内涵、创新与创业的关系、创新创业的重大意义等内容；第二章为大学生创新创业机遇与挑战，主要阐述了大学生创新创业的机遇和大学生创新创业的挑战等内容；第三章为大学生创新思维与创新方法，主要阐述了大学生创新思维和大学生创新方法等内容；第四章为大学生创业机会与创业风险，主要阐述了大学生创业机会的发现和大学生创业风险的识别等内容；第五章为大学生创业资源与创业模式，主要阐述了大学生创业资源与融资和大学生创业的商业模式等内容；第六章为大学生创业者与创业团队组建，主要阐述了创业者与创业团队、大学生创业团队的组建等内容；第七章为新企业的创建流程、大学生新创企业的运营、大学生新创企业的管理等内容。

为了确保研究内容的丰富性和多样性，在写作过程中参考了大量理论与研究文献，在此向涉及的专家学者们表示衷心的感谢。

最后，限于笔者水平，加之时间仓促，本书难免存在一些不足，在此，恳请同行专家和读者朋友批评指正！

目 录

第一章 绪论 ... 1
- 第一节 创新与创业的内涵 ... 1
- 第二节 创新与创业的关系 ... 19
- 第三节 创新创业的重大意义 ... 20

第二章 大学生创新创业机遇与挑战 ... 24
- 第一节 大学生创新创业的机遇 ... 24
- 第二节 大学生创新创业的挑战 ... 28

第三章 大学生创新思维与创新方法 ... 34
- 第一节 大学生创新思维 ... 34
- 第二节 大学生创新方法 ... 40

第四章 大学生创业机会与创业风险 ... 45
- 第一节 大学生创业机会的发现 ... 45
- 第二节 大学生创业风险的识别 ... 71

第五章 大学生创业资源与创业模式 ... 88
- 第一节 大学生创业资源与融资 ... 88
- 第二节 大学生创业的商业模式 ... 102

第六章 大学生创业者与创业团队组建 ... 119
- 第一节 创业者与创业团队 ... 119
- 第二节 大学生创业团队的组建 ... 130

第七章 大学生新创企业的运营与管理 ………………………… 147
第一节 新企业的创建流程 ……………………………………… 147
第二节 大学生新创企业的运营 ………………………………… 151
第三节 大学生新创企业的管理 ………………………………… 159

参考文献 ………………………………………………………………… 167

第一章 绪论

近年来,高校每年毕业生的数量不断增多,"就业难"成了很多人面临的问题。当今社会飞速发展的同时,人们的生活方式、生活需求也在发生着很大的变化。这就让很多"有头脑"的大学生瞄准市场、抢占先机开始了创新创业的旅程。本章分为创新与创业的内涵、创新与创业的关系、创新创业的重大意义三部分。主要内容包括创新的内涵、创新理念的内涵、创业的含义、创业的特征、创业相关理论基础等方面。

第一节 创新与创业的内涵

一、创新

(一)创新的内涵

创新主要是指在特定的环境中,利用现有的知识和物质,提出有别于常规或常人思路的见解,并且本着理想化需要或为满足社会需求,创造新的环境、路径、事物、方法,并获得一定有益效果的行为。

"创新"在当今世界是一个高频词,同时,它又非常古老,如《魏书》中有"革弊创新",《周书》中有"创新改旧"。和创新含义相近的词汇有维新、鼎新等,如"咸与维新""革故鼎新""除旧布新""苟日新,日日新,又日新"。在英文中,"Innovation"起源于拉丁语,有三层含义:第一,更新;第二,创造新的东西;第三,改变。而创新作为一种理论,是由被称作创新理论奠基人的美国哈佛大学的熊彼特教授提出并引入经济领域的。

（二）创新理念的内涵

中国特色社会主义的创新发展理念具有继承性，我国在充分借鉴马克思主义的创新理论基础上，提出了五大新发展理念，并将创新发展理念放在五大新发展理念的首位。中国特色社会主义创新发展理念的核心是科技创新，先导是理论创新，保障是制度创新，根本是文化创新。

1. 科技创新是核心

科技创新居于创新发展理念的核心位置。党中央历来重视科技创新，毛泽东时期"向科学进军"的口号、邓小平"科学技术是第一生产力""四个现代化，关键是科学技术的现代化"、习近平总书记"谁牵住了科技创新这个牛鼻子，谁走好了科技创新这步先手棋，谁就能占领先机、赢得优势"的重要论断充分彰显了科学技术创新的重要作用。科技创新居于创新发展理念核心地位的原因是新时代要实现四个现代化，即新型工业化、信息化、城镇化、农业现代化，科学技术创新是关键，四个现代化的实现必须依靠科学技术的创新。新时代，我国已经进入了后工业化时代的新阶段，这就要求工业发展要向高水平高质量方向迈进，工业发展更加依赖科学技术的创新驱动，要充分运用互联网技术，提升制造业能力，使制造业发展更加智能化，促进我国向制造业强国发展。新型信息化需要互联网、物联网技术的创新，使其服务于数字经济和实体经济，以此推动数字产业化和产业数字化。新型城镇化是国家现代化的重要表现，智能城镇化的建设需要加强智慧城市的建设，通过互联网技术与城市交通技术打造智慧、安全、便捷的城市，提升城乡居民生活幸福感。农业现代化需要充分利用现代科学技术，用现代科学技术和现代工业来装备农业，实现农业的大规模、集约化生产。现代科学技术应用于农业可以充分解放农村劳动力，提高农业生产力水平，实现农业智能化。

2. 理论创新是先导

根据认识与实践的辩证关系原理可以得出理论是从实践中得出的，理论又能指导实践，创新发展理论的完善能够有效指导创新发展的实践，因此要加强理论的创新。当代中国经济制度领域的相关创新理论，主要包括基本经济制度的理论创新、基本收入制度的理论创新以及经济运行分析的理论创新。相关经济制度的理论创新有利于释放非公有制经济的活力，促进公有制经济与非公有制经济共同发展。

3. 制度创新是保障

制度创新是创新发展理念的保障，良好的制度能够促进科技创新。改革开放以来，我国在科技体制改革方面取得了很大进展，促进了科学技术的创新，但是当前还存在着阻碍科技创新的体制机制障碍，科学技术转化为生产力通道不畅的现象。主要表现有：①长期的官本位制对科研人员产生了影响，科研人员的大量时间和精力被束缚在非科研活动上，科研时间被挤压；②科研成果评价标准单一，唯数量是从的评价标准不符合科研规律。许多科研管理者的唯数量是从的常识与"板凳坐得十年冷"的科研人员的普遍共识相矛盾。单一的数量评价标准会导致科研人员滋生学术浮躁、助长急功近利的势头。

4. 文化创新是根本

文化创新是创新发展理念的根本。我国的文化自信既来源于五千年优秀的中华文明，又来源于顺应时代需求不断地进行文化创新。中国共产党历来重视文化的创新，从新民主主义革命时期的抗战精神到社会主义建设初期的大庆精神、再到改革开放新时期的抗震救灾精神、抗洪精神再到新时代的航天精神、创新精神等，都充分体现了中国共产党对文化创新的重视。而每一次的文化创新都能激发人民群众学习新文化、新精神的热情，从而营造出良好的社会氛围，为经济发展提供精神动力。因此新时代创新发展要重视文化的创新，通过文化创新为经济持续健康发展注入强大的精神活力。

二、创业

（一）创业的含义

创业作为促进世界经济增长与社会进步发展的重要驱动力，受到越来越普遍的关注，越来越多的人涌入创业者大军的队伍，全社会出现了创业热潮，与此同时，对于创业的理论研究成果也不断涌现。

"创业"最初作为研究对象出现在学术研究领域是在18世纪中叶，被称为创业管理研究之父的欧洲经济学家坎蒂隆（Cantillon）从风险角度有效地识别了创业者应该具备的特征，将创业者定义为善于运用风险并从中获益的人，这实质上开启了创业研究的篇章。著名的管理学家彼得·德鲁克从管理学研究的角度进一步解释了创业行为，将创业看作是管理活动的一体两面，衡量创业的标准在于其是否能够创造出新的价值，从管理学的精髓中寻找创业的思维，这不仅有利于更加深入把握创业的概念，同时为创业的研究构筑了管理学的成长平台。

学者对于创业的研究，主要关注创业活动的发起和运营者即创业者的研究、同时包括创业活动的过程研究、与创业息息相关的环境要素的研究。在对创业者的研究方面，阿林森（Alinson）等人将创业者看作以实现企业的有效资本累积、促进企业进步为目的，有效利用创业机会的个体或组织；侯飞通过研究发现在整个创业过程中，创业者自身的特征、动机、自我效能感均会影响创业活动的发展；张秀娥等（2017）以经验学习理论为理论支撑，对宁夏地区的新创企业开展调研，得出创业者的自我效能感以及与创业相关的经验均会影响其自身的创业机会的识别能力，可见，作为创业活动的承载者与推进者，创业个体自身的心理特征和行为能力均会影响整个创业过程，他们通过识别和把握机会、整合资源以及经营创新来实现新创企业的有效运作。在对创业过程的研究方面，自20世纪末期开始，学者们的目光就开始聚焦于此。创业过程是从识别机会到新组织的创办到运营的动态过程，是不断将创业的理论与方法应用于实践的"试错"过程，也是检验创业者自身能力的最佳契机。关于创业过程理论模型的建立是创业过程研究的重点，其中具有代表性的为Gartner创业模型、Timmons模型等。高德纳（Gartner）认为创业过程充满复杂性和不可预测性，机会的识别、资源的获取与利用、组织的构建与运营管理构成了创业的动态过程，个体、组织、环境、创业过程这四个要素环环相扣。蒂蒙斯（Timmons）认为创业是一种思考与行为并重的动态过程，他在《新企业的创建》中提出了包括机会、创业组织、资本三要素在内的创业模型，由于创业机会的模糊以及所面临的市场、社会等外在环境的复杂多变性，创业的过程是充满未知和挑战的，创业者要不断强化自身的管理、领导、风险承担等的本领，有效调节多个要素之间的关系，实现整个创业过程的要素系统的动态平衡。创业环境作为一个多维的综合概念，吉亚瓦利（Gnyawali）等将其看作是个体为实现其创业意愿所需要面对和可利用的外部要素的总和，不仅包括文化环境，而且还包括政策、市场、服务环境等。在当今国家全力倡导创新创业的背景之下，创业环境在一定程度上是政府为主导的多主体所形成的对创业者的社会关怀，对于高校学生创业活动来说，来自政府、市场、社会的多主体的作用力影响了其创业行为的产生，如徐占东等（2017）将大学生创业环境看作是大学生在实施创业行为过程中所面临的以及对行为产生影响的各种因素的有机整体，要依据创业活动的特点有效识别和利用环境中的有利因素。

（二）创业相关理论基础

1. 马克思主义关于人的全面发展理论

在创业过程中，一定要保证自身的创新能力，只是简单的模仿他人的创业模式只会浪费资源。大学生在创业过程中要为可持续发展做出努力。另外，要不断的进行自我反思自我评价，清醒地认识自己，不盲目不跟风，坚持对的方向并坚持不懈地努力下去。

马克思理论中的核心内容以及其中的根本价值追求就是人的全面发展理论。马克思曾经说过，所有一切的民族都要在保证社会劳动生产力发展的前提下，保证人类的全面发展。在我国，创业教育已经发展了二十多年，并且得到越来越多高校师生的肯定，不仅是因为它适应了社会以及经济的发展，而且它也进一步促进了人的全面发展的实现。大学生的创业不仅是对大学生个性以及独特性的验证，更是对大学生是否具有独立思考和解决问题能力的考验。

另外，大学生不仅要有理论能力，更要有体力和实践能力，也就是说大学生需要有丰富的想象力、科学文化知识、良好的精神品质、健康的身体素质以及强硬的心理素质。同时，创业不可能仅一人完成，它需要一个团队的共同努力，而这就要求创业者必须有与人沟通合作的能力。由此可见，马克思主义关于人的全面发展理论有助于大学生在创业过程中形成健康的创业心理，促进各种素质和能力的不断发展。

2. 弗洛伊德的心理学理论

弗洛伊德心理学理论中阐述，人的一生的生活质量跟性是不可分割的，并且对其进行归纳成为三个纬度，首先是生理的性：对于个体来说，他一定要站在客观的角度上，对自己的生理有清醒认知。如因为一些原因使得心理误差的产生，那么不同的心理问题也都会由此而产生。其次就是心理的性：也就是个体一定要认识到自己健康和谐的性的心理，要认同健康的心理性，如果不具备这些就会出现性心理混乱。最后指的就是社会适应性：也就是个体一定要有健康和谐的社会适应性状态，保证能在自己人生所扮演的角色中演得其所，也就是能够扮演好子女、学生、休闲者、职场人、配偶、父母、退休者等生命角色。

大学生在创业过程当中缺乏与人沟通交往的能力就是因为他们缺乏社会适应性。人际沟通能力是一种非常重要的技能，它在创业心理资本中有着自己独特的作用。大学生要想创业成功就一定要有良好的人际交往能力，也就是说个体绝对不能缺少的社会性，在这个过程中我们出入于家庭圈、学业圈以及职场圈当中循环往复，且圈圈相连。前两个圈子主要面对的是具有血缘关系的亲人和没有利益冲突关系的师生间、同学间的关系，但职场圈由于社会性很强，导致要想在这个圈子处理好各种关系是比较难的一件事情，更不用说刚毕业的大学生了。在刚开始进行创业的时候，这种人际交往，与他人的沟通更像是一个难关，一个考验。在进行教育和指导时，要注重对他们创业人际沟通能力误区的矫正，不仅要能接纳自己、不再自卑，更要真诚的交流以及尊重他人。

3. 班杜拉的社会认知理论

班杜拉提出的社会认知理论是关于人的行为和环境两者是如何进行相互作用的理论，它将人是怎样对事物进行认知以及认知后的行为和反应做出了动态性的展示。其中自我效能理论是社会认知理论的核心思想，在班杜拉看来，自我效能就是人们是否有信心去对自己的生活产生影响的事件进行控制，自我效能是一种在个体动机和行为两者之间的中介因素，对个体行为具有很大的推动作用。并且还是建立在个体综合认知评价的前提下，有着自己的认知性质，所以，个体行为在很大程度上受到自我效能的影响。

自我效能具有很广泛的应用，特别是在创业领域，决定了创业者对自身是否有能力胜任多个角色和任务的信心，对于创业过程及其结果如何，具有预测作用。

所以，将高校创业教育和班杜拉的社会认知理论两者融合，有助于创业教育的水平以及其中的内容结构的进一步完善和提高。进一步将大学生的创业自我效能感有效提高，从意识层面上进行培养并创造实践机会，促进成功。高校开展的创业教育相关内容能够给大学生实践提供更多的经验，不同种类的创业活动都有着自己的价值，要多鼓励大学生参与到其中，比如创业创新设计大赛、创业规划大赛、未来职业设计大赛等可以让学生在不同的比赛当中找寻到自己真正的兴趣，激发学生展示自己的特长，在一次次的进步和成功当中积攒经验，使得学生的创业自我效能感获得进一步提升。这才能保证在真正的创业之前将创业教育的途径进一步拓宽，让学生有更强的创业能力以及创业意识，只有将学生的创业能力培养出来，提高上去，才能指导其创业行为。现在要想进一步开展好创业教育，并提升大学生在创业过程中的自我效能感，仅仅靠学校是行不通的，还需要政府的和家庭的支持。以上表明，班杜拉的社会认知理论在大学生创业以及创业心理领域具有很大的研究意义，也受到了广泛的应用，同时也给研究者提供了新思路和新方法。

（三）大学生创业的政策规定及其演变

在新中国成立初期，我国实行高度集中的政治经济体制，在解决高校毕业生就业问题上，我国主要采取毕业生就业分配管理体制，高校毕业生的就业主要由政府分配，个人很难有就业自主选择权，更别说选择创业。但随着我国改革开放的推进，我国的经济发展以及生产方式发生了天翻地覆的变化，政府对高校毕业生就业的管理方式也开始发生改变，政府及国家不再对高校毕业生的就业实行分配管理，此时便是高校毕业生创业风潮的发轫之始。由此，高校毕业生开始创业的风潮也渐露端倪。

此后，我国大学毕业生的就业形势越发严峻，就业问题逐渐突出，越来越多的大学生开始选择自主创业，政府对高校毕业生的创业问题越发重视起来，政府开始颁布一些相关的扶持政策来帮助大学生成功创业。高校毕业生创业成功不仅有利于解决目前我国存在的大学生就业难的问题，而且还能为社会增加更多的就业岗位，缓解就业难问题，此外大学生创业有利于大学生实现自我价值，提升自身素质，有利于激发大学生的创新意识，创新精神。

1. 大学生创业相关政策规定

大学生创业政策起始于 19 世纪末，为鼓励大学生创业，政府会根据每个时期的社会经济发展情况制定不同的大学生创业政策，但总的来说，政府出台发布的大学生创业政策大体分为大学生创业鼓励政策、大学生创业教育政策、大学生创业融资政策、大学生创业环境政策、大学生创业支持政策五大方面。政府鼓励大学生创业，为有创业意愿或者创业成功的大学生提供奖励，鼓励大学生在各行各业进行创业，发挥创新精神。

此外，政府在创业教育上也出台了相关政策，要求高校要承担起创业教育的重要任务，学校要开展相关的创业课程。政府也会为大学生创业提供一定的融资渠道，为大学生提供小额担保贷款，部分地方还建立了大学生创业基金，解决大学生创业融资难问题。政府努力创建有利于大学生创业的环境，出台了相关政策，保护和尊重知识产权，大力宣传创新创业事迹，在社会上营造出尊重创业，鼓励创业的良好氛围。此外，政府还出台了一系列支持大学生创业的政策，如为创业大学生开放绿色通道，提供相关税收优惠，建设大学生创业孵化园，为大学生创业提供一站式服务。

大学生创业政策随时间的推进也会产生一定的变化发展。教育部每年都会发布一条《关于做好全国普通高等学校毕业生就业创业工作的通知》（以下简称通知），为了分析近年来政府对大学生创业相关扶持政策的发展以及改变，我们对 1999—2018 年国务院办公厅以及教育部发布的通知中有关创业的内容所占篇幅的比例进行了统计，并找出了具有代表性的几年进行了分析，通过对比 1999 年、2002 年、2006 年、2010 年、2014 年、2018 年这六年的通知我们发现，有关创业的内容所占的篇幅比例是逐年攀升的，1999 年教育部所发的通知中，创业部分所占的篇幅比例仅为 0.04%，而到了 2018 年教育部所发的通知中，创业所占的篇幅比例已经上升到了 0.16%。

此外，我们还应注意的是，在 2015 年前，国务院和教育部所发的通知标题为"关于做好全国普通高等学校毕业生就业工作的通知"，到了 2015 年及以后，一律改为了"关于做好全国普通高等学校毕业生就业创业工作的通知"，把创业与就业并列了起来，也更加突出了创业的部分。

此外，我们通过分析近年来的通知还发现，在 1999 年到 2002 年间发布的通知中，都没有单独提到创业的相关政策，只是在某几条条例中有只言片语提到有关大学生创业的相关内容。而在 2003 年发布的通知中，关于大学生创业开始单独列出，通知开始明确指出要促进并鼓励大学生创新创业，但对于具体扶持帮助大学生创业的相关政策仍没有指出。从 2006 年伊始，通知开始明确指出关于促进并加大扶持大学生创业力度的相关内容，如 2006 年十四部门联合发出的通知中第四条，就明确指出要加大政府对大学生创业的扶持力度，对于高校毕业生各种行政事业性收费、担保贷款政策、自主创业绿色通道、相关的保险以及培训都做了较为详细的阐述。

总之，我们通过对历年来国务院办公厅以及教育部发布的通知内容研究分析发现，政府对大学生创业越来越重视，政府对大学生创业的扶持力度也越来越大，对大学创业的扶持范围也越来越广泛。

2. 大学生创业政策的演变历程

（1）19 世纪末—2002 年：初步探索阶段，鼓励大学生高科技创业

在 1999 年至 2002 年间，大学生创业政策仍然处于初步探索阶段，这一时期政府对大学生创业多以鼓励为主，实际相关的大学生创业支持政策相对较少。此外，这一时期政府和国家更多的是鼓励大学生在高科技方面进行自主创业。改革开放之前，大学生毕业后工作由国家分配，采取毕业生就业分配体制，大学生几乎没有自主创业的机会。1978 年改革开放后，我国的政治经济发展方式开始改变，高校毕业生开始可以自主自由地选择就业。此时，经济发展方式的转变引起了一股"下海"风潮，有少部分高校毕业生也加入到了这一行列里面。但这一时期，国家对高校毕业生自主创业并没有明确的表态，所以相关政府部门对大学生创业也没有出台相应的扶持或者管理政策。

19世纪末期，政府开始对大学生创业进行表态，一些相关的大学生创业政策也相应出台。比如1998年，教育部发布的《面向21世纪教育振兴行动计划》，其中第二十七条就指出，要加强对在校大学教师和大学生的相关创业教育，政府制定一定政策鼓励大学生自主创业，自主在高新技术行业领域创办企业。2000年，教育部发布了《关于贯彻落实中共中央、国务院关于加强技术创新发展高科技，实现产业化的决定》的若干意见的通知，在通知第九条中明确指出，要鼓励和加强大学科技园区的建设与发展，鼓励支持在校大学教师和在校大学生在大学科技园区中自主创办企业。第十一条还明确指出，要增强大学生的创业能力、创业实践。此外，意见还明确指出，鼓励和支持在校大学生、研究生可以休学创业，但高校会保留其学籍。

2000年教育部发布的《教育部关于做好2001年全国普通高等学校毕业生就业工作的通知》中的第一条就指出，各地方、部门、高等院校要认识到高校毕业生这一人才资源的重要性，创造良好的有利于大学生创业的社会环境气候，此外还要营造出鼓励大学生自主创业，实现个人价值的良好社会氛围。

此外，在这一时期，政府更为支持大学生在高新技术领域进行创业，并将这视为培育经济增长点的重要措施。而高校作为高新技术的孵化基地，成了国家和政府促进高新技术产业发展的一个重要节点。

因此，政府出台的很多政策也都很有针对性地扶持大学生在高科技领域创新创业，对于在其他技术含量相对较低领域创业的大学生，政府在政策上并没有太多扶持政策。如1998年在教育部发布的《面向21世纪教育振兴行动计划》中第七条就规定，要带动国家高新技术产业的发展。第二十六条还指出，要在高校周围形成高新技术产业集群，政府和高校要在高校较为集中的地方建立高新技术产业化基地，发展科技园区，要加大高校教师和学生的创新创业教育，鼓励他们到高新技术产业领域自主创业。

2000年，教育部发布的一条通知中，第一条就指出，各政府、地方、高等院校要认识到，高等院校的一条重要历史使命就是要加强技术创新、加速相关高科技成果的转化，要深刻认识到高等院校创新创业人才培养的重要性。第九条还指出，要加大高等院校科技园区的建设，教育部、科技部等相关部门要努力创造良好的环境与氛围，努力发展高等院校科技园区，鼓励和支持大学生、高等院校教师、留学生在高等院校的科技园区自主创办科技企业。

表 1-1　1998 年 -2000 年政府发布的关于大学生创业的部分文件（国家级）

发布时间	文件名称	发布部门	内容摘要
1998 年	面向 21 世纪教育振兴行动计划	教育部	实施"高校高新技术产业化工程"
2000 年	教育部关于贯彻落实中共中央、国务院《关于加强技术创新 发展高科技，实现产业化的决定》的若干意见	教育部	加强技术创新、发展高科技、实现产业化、加强科技人才培养
2000 年	教育部关于做好 2001 年全国普通高等学校毕业生就业工作的通知	教高 [2000]1 号	实施"新世纪高等教育教学改革工程"，创新创业精神环境
2001 年	教育部关于做好 2001 年全国普通高等学校毕业生就业工作的通知	教学 [2001]2 号	尊重知识、尊重人才、鼓励创业的社会氛围
2001 年	关于印发《关于充分发挥高等学校科技创新作用的若干意见》的通知	国科发政字 [2002]202 号	充分认识高校在科技创新中的重要地位；加大大学科技园建设

（2）2003-2008 年：逐步推进阶段，提供创业优惠政策

如果说 19 世纪末到 2002 年这一段期间，政府对大学生创业更多的以鼓励为主，那么从 2003 年开始，政府对大学生自主创业更为重视起来，开始为大学生创业提供相关优惠政策，开始重视并鼓励普及创业活动，而不仅仅只是鼓励大学生在高新技术产业领域创业。政府开始出台相关的政策，鼓励大学生在各个不同的领域发挥创新精神，开展自主创业活动，实现个人价值，为社会创造更多价值，政府对大学生创业活动进入了逐步推进的阶段。

比如 2003 年，国务院办公厅发布的《关于做好 2003 年普通高等学校毕业生就业工作的通知》中第四条就指出，政府、地方、高校要重视鼓励大学生灵活就业，鼓励大学生自主创业。第 4 条还指出，所有从事自营职业的毕业生，都可以免于管理和登记。

除此之外，地方政府还可以为个体户和个体经营的企业家提供小额贷款和

担保。2004年教育部制定国务院批转的《国务院批转教育部2003—2007年教育振兴行动计划》的通知中，第十条指出，要启动"高等学校科技创新计划"，要增进高校与企业以及各个科研所的交流合作，要继续完善支持大学科技孵化园的建设与其服务体系的完善及支撑。

2006年国务院办公厅、教育部、劳动保障部、财政部、民政部等十四个部委联合发布的通知中，第四条明确指出，各部门、各地方、各高校要切实加大对大学生灵活就业和自主创业的支持力度。该通知还具体规定了支持大学生创业的政策，如通知各地方、各部门必须进一步落实大学生创业扶持政策，从事个体企业免缴相关行政费用；各地要建立大学生自主创业的"绿色通道"，从创业培训到开放政策咨询和持续咨询，都要遵循指导，在其他方面提供一站式服务，尽可能使大学生在创业过程中更加方便，让创业者把更多精力时间投入到经营企业中去；各地还可根据地方条件，通过政府财政以及一些社会渠道，为大学生创业提供相关的资金支持；对于自愿到西部偏远地区或基层地区选择创业的高校毕业生，可以向当地的相关银行申请小额的担保贷款；高校还要重视对大学生的创业教育，要为大学生提供一些相关的创业指导与培训，增强大学生创业实践的能力。

表1-2 2003年-2008年政府发布的关于大学生创业的部分文件（国家级）

发布时间	文件名称	发布部门	内容摘要
2003年	国务院转批教育部2003-2007年教育振兴行动计划的通知	国办发[2003]49号	鼓励支持高校毕业生自主创业和灵活就业
2004年	国务院批转教育部2003-2007年教育振兴行动计划的通知	国发[2004]5号	"高等学校科技创新计划"
2006年	十四部门关于切实做好2006年普通高等学校毕业生就业工作的通知	教学[2006]8号	加大对高校毕业生自主创业和灵活就业的扶持力度
2007年	国务院办公厅关于切实做好2007年普通高等学校毕业生就业工作的通知	国办发[2007]26号	积极鼓励、支持高校毕业生自主创业和灵活就业
2008年	财政部人民银行人力资源社会保障部关于印发《小额担保贷款财政贴息资金管理办法》的通知	人社部发[2008]100号	提供小额担保贷款

（3）2009-2013 年：重点推进阶段，创业政策逐步完善

在我国经历了 2008 年的经济危机之后，经济出现了相对疲软的情况，劳动力市场的需求也相对萎缩，与此同时加快的高校扩招步伐带来的一大批大学生面临着无法找到工作的情况，大学生就业问题相较以前更为凸显了出来。为解决大学生就业难题，激活经济发展活力，维护社会稳定发展，政府开始更为重视鼓励并支持大学生进行自主创业。

因此，进入到 2009 年后，政府对大学生创业的相关扶持管理政策进入到了重点的推进阶段，政府对大学生创业的相关政策更加的全面，更加的广泛起来，创业政策逐步完善。这一时期，政府开始从更多方面，更多领域开始支持扶持大学生创业，扶持的力度也开始加大，政府鼓励的大学生创业领域也更为广泛，开始支持以网络创业带动就业，有更多的政府部门开始参与帮持大学生创业，政府对大学生创业的政策进入了重点推进的阶段。

这一时期，政府也出台了很多帮助鼓励大学生创业的政策。如 2010 年教育部发布的一条通知规定，高校毕业生毕业后可以自主创业，并可享受相应的税收优惠。通知指出，大学毕业生可以自己创业或毕业后创业。经由相关部门申请，申请成功后，可作为税收优惠政策管理的依据。2010 年发布的《关于实施大学生创业引领计划的通知》，通知中明确指出了在 2010 年到 2012 年要引领大学生进行自主创业。大学生创业引领计划的实施，表明了政府对大学生创业的重视程度，也表明了大学生自主创业的重要程度。通知指出了大学生创业引领计划的最终目标以及主要工作任务，指出了政府引领大学生创业的几项工作任务：要开展大学生创业培训，要建立并评定一批符合要求的优秀的创业培训机构以及教师，满足大学生创业培训的需求；对登记的毕业生提供一定的培训补贴，开展更多形式的创业竞赛；对大学生自主创业提供一定的政策扶持，要对大学生创业见习实施统筹管理，要提供一定的税收优惠，小额担保贷款，创立大学生创业扶持基金；为愿意从事个体经营的大学生，提供相关的指导服务，教育部和高等教育机构应密切整合并邀请相关创业成功人士或专业教员为创业大学生提供相关指导服务；为大学生自主创业提供孵化服务，各院系可以根据实际情况建立一批大学生创业孵化器，为大学生提供分步创业服务体系。

表 1-3　2009-2013 年政府发布的关于大学生创业的部分文件（国家级）

发布时间	文件名称	发布部门	内容简要
2009 年	国务院办公厅关于加强普通高等学校毕业生就业工作的通知	国办发 [2009]3 号	鼓励和支持高校毕业生自主创业
2010 年	教育部办公厅关于做好核发《高校毕业生自主创业证》有关工作的通知	教学厅函 [2010]31 号	核发高校毕业生自主创业证，享受相关税收优惠
2010 年	关于实施大学生创业引领计划的通知	人社部发 [2010]31 号	实施大学生创业引领计划
2011 年	国务院关于进一步做好普通高等学校毕业生就业工作的通知	国发 [2011]16 号	鼓励支持高校毕业生自主创业，稳定灵活就业
2012 年	教育部关于做好 2012 年全国普通高等学校毕业生就业工作的通知	教学 [2011]12 号	全面推进大学生创新创业工作，力争实现创业人数进一步增加
2013 年	教育部关于做好 2013 年全国普通高等学校毕业生就业工作的通知	教学 [2012]11 号	大力推进创新创业教育和大学生自主创业

（4）2014 至今：全面推进阶段，创业政策全面实施

自 2014 年以来，大学生创业政策进入全面推进阶段，在这一时期，政府对大学生创业的扶持领域不再仅局限于税收、资金等优惠政策，政府开始注重大学生创新创业精神的培养以及创业教育的开展。2014 年，随着李克强总理"大众创业、万众创新"，简称双创的提出，创业、创新两词进入大众视野，迅速走红，走红的背后显示出了国家政府对创业创新工作的重视。大学生作为国家的重要人才资源，作为国家的新生力量，是创业创新工作中的重要一环。当代大学生不仅要具备一定的创业能力，而且还要具备新时代的创业创新精神。在这一时期，在创业创新的背景下，政府更加重视大学生的创业精神。

此外，在这一时期，许多刚创办的企业都在一年内消失，公司成立后几年内 99% 的创业企业宣告失败。大学生自主创业的成功率很低，打消了许多大学生创业的积极性。所以这一时期，政府对大学生创业的扶持也不再只重视资金、税收、准入门槛等方面，政府政策也开始重视对自主创业的大学生的持续性的

创业辅导指导、创业服务以及创业教育上，在创业领域上，政府也不再只是鼓励大学生在高科技、资源综合利用型、智力密集型等领域创业。总之，这一时期，政府对大学生创业的政策进入了全面推进的阶段，创业政策的扶持领域、扶持力度、扶持深度都比以往有所加强，创业政策开始全面实施。

这一时期，政府也发布了比以往更多更有针对性的一些政策。2017年国务院办公厅发布了《国务院关于做好当前和今后一段时期就业创业工作的意见》，意见指出，要完善个体经营者的社会保障和就业制度，鼓励创业，特别是高校毕业生的创业工作。通知第三条指出，应鼓励创业精神，促进创业。要优化创业的环境，优化服务制度，从审批管理等方面入手，避免创业者在申请过程中出现重复检查，多头执法的问题。由国家发展改革委、工商总局等按职责负责努力发展创业载体，加快企业孵化器基地建设，发挥大众创造空间辐射主导作用。人力资源和社会保障部、财政部、住房和城乡发展部负责执行；人力资源和社会保障部、国家税务总局等部门负责加大对创业政策的支持力度，鼓励实施创业补贴试点项目；中国人民银行、国家发改委财政部、人力资源和社会保障部、中国银行业监督管理委员会、中国证券监督管理委员会负责扩大企业家融资渠道。通知第四点还专门指出要继续鼓励高校大学生自主创业，要继续强化大学生创业教育服务，完善培训补贴方式，强化公共就业创业的服务质量。2014年人社部发布的《人力资源社会保障部等九部门关于实施大学生创业引领计划》的通知中指出2014年到2017年大学生创业引领计划的总体目标是到2017年引领八十万大学生进行创业，相比2010年发布的大学生创业引领计划的目标足足多了近乎一倍，可以看出政府对大学生创业工作的重视程度，此外，2010年政府发布的大学生创业引领计划中，主要从开展创业实训、提供政策支持、提供创业指导、提供创业孵化基地四个方面指出新时期大学生创业引领的主要任务，而政府2014年发布的创业引领计划中，政府指出的新时期引领大学生创业的主要任务有六项，除了政策支持、提供创业指导、提供创业孵化基地四项任务，政策还专门指出要加强大学生的创业教育普及创业教育，将创业教育融入大学生人才培养体系里面，此外政策还专门指出要加强创业的相关服务，要构建惠及创业园区、高校、社会等创业服务体系，增强服务质量。

这一时期，政府对大学生创业的政策还呈现出鼓励大学生到基层自主创业的特点，如2017年中共中央办公厅，国务院办公厅印发《关于进一步引导和鼓励高校毕业生到基层工作的意见》中第九条就指出鼓励和支持高校毕业生在基层创新创业，并依法给予一定的政策支持。鼓励大学生在基层创业，从事个体经营，支持高校毕业生加入农民专业合作社等经济组织。2015年国务院办公厅发布的国务院关于进一步做好新形势下就业创业工作的意见中更是从二十个方面对鼓励扶持创业的相关任务政策做出了详细的阐述。从 2015 年开始，教育部、国务院办公厅每年发布的关于做好全国普通高等学校毕业生就业工作的通知也改为了关于做好全国普通高等学校毕业生就业创业工作的通知，通知中关于高校毕业生创业的篇幅也逐渐增多，如教育部 2018 年发布的《关于做好 2018 届全国普通高等学校毕业生就业创业工作的通知》中的第三条就指出要促进创业，促进就业，必须继续深化高校创新和创业教育改革。要把创新创业教育改革作为高等教育改革的重要突破，把创新创业教育纳入高校人才培养体系，完善高校学生地位管理体制。实施创新创业贷款积累，支持创新创业学生复学等相关政策；要提升创新创业服务的保障能力和水平，为大学生创业提供管理、知识产权等方面的培训与指导。

表1-4 2014-2018 年政府发布的关于大学生创业的部分文件（国家级）

发布时间	文件名称	发布部门	内容简要
2014 年	人力资源社会保障部等九部门关于实施大学生创业引领计划的通知	人社部发 [2004]38 号	实施新时期的大学生创业引领计划
2015 年	国务院办公厅关于深化高等学校创新创业教育改革的实施意见	国办发 [2015]36 号	高等学校创新创业教育改革
2015 年	2015 年：国务院关于进一步做好新形势下就业创业工作的意见	国发 [2015]23 号	积极推进创业带动就业
2015 年	国务院办公厅关于发展众创空间推进大众创新创业的指导意见	国办发 [2015]9 号	发展众创空间
2016 年	中共中央国务院印发《国家创新驱动发展战略纲要》	国务院办公厅	推动创新创业，激发全社会创造活力
2017 年	中共中央办公厅国务院办公厅印发《关于进一步引导和鼓励高校毕业生到基层工作的意见》	国务院办公厅	鼓励支持高校毕业生到基层创新创业
2017 年	国务院关于做好当前和今后一段时间就业创业工作的意见	国发 [2017]28 号	抓好高校毕业生这一重点群体的就业创业工作
2018 年	教育部关于做好 2018 届全国普通高等学校毕业生就业创业工作的通知	教学 [2017]11 号	促进以创业带动就业

（四）大学生创业精神的培育

1. 大学生创业精神的培育内容

大学生创业精神进行培育的三个主要内容，分别是创业意向和创业理想，环境分析和机会识别意识以及不断创新的战略性思维。

（1）创业意向和创业理想

"创业意向"指的是群众在开展创业行为时表现出来的趋向性变化，具体为创业心理倾向、创业需求以及创业的内部趋向力等，简单来说，它可以将大学生对创业的看法以及做出的行为都表现出来。

对创业有兴趣是创业行为产生的首要原因，也是原始动力，是创业精神培育的切入点。在指导大学生对创业产生兴趣时，要重点强化实现自我意义的需要和组织创业活动对大学生所起到的正能量的作用。

"创业需要是指大学生对现有存在与发展条件不满足，进而产生改变现状的要求和愿望。"而创业动机是一个内部推动因素，可以促使单人或团体去进行创业活动，是一种内部驱动力量，可以将创业当事人主动去创业的激情调动起来。从大学生这个角度，创业动机是多元化的，不但经济活动和就业问题的处理需要用到它，在更高的级别，包括人生价值的达成和给社会谋福祉等方面也需要。

创业理想是群众在进行创业活动中持续存在的一种努力方向、价值观点和理想追寻，也是群众对于创业这个行为和创业阶段的基本看法。建立高远伟大的创业理想具有积极的作用，可以让大学生对于自己人生的价值有一个更加深入地了解，掌握整个社会前进的趋势，确定国家和民族的任务以及勇敢地进行创业活动。

（2）环境分析和机会识别意识

对创业活动进行环境分析和机会识别是创业可行的前提，能够使创业者在创业活动前期，充分预见创业能否成功。高校学生自控能力差、环境适应不良的现象普遍存在，只有适应所处环境，合理利用周围资源，对创业所处环境的分析才比较准确，才可以牢牢抓住创业的机会。强化大学生对于创业所处环境的理解以及良好的分析能力，这是大学生创业活动能取得成功极为重要的前提。

在《创业管理》这本书中对"机会"是这样解释的："营造出对新产品、新服务或新业务需求的一组有利环境。"创业机会也是一种经营机会，一般都对创业人员有积极作用，对他们的吸引能力比较强，可使创业人员获得经济效益。创业机会的来源也比较多，通常包括科技水平的发展、国家法规、社会和行业需要的改变。创业的机遇是从改变中产生的，因此创业人员要很清晰地发现这些改变，辨别出机会，这些对大学生知识面以及机会识别意识要求较高。

（3）持续创新的战略性思维

对公司经营控制和前进水平起核心作用的就是持续创新的战略性思维。创业目的不单是将公司构造完成，还要给其他人及整个社会创造经济效益，并且让自己的才能得到充分展现。在企业稳步发展的过程中，创业主体要提升战略性的思考水平，努力去探究，对企业所处的环节进行研究分析，持续不断地进行创造性改变，对企业进行协调管理时，采用创业化的方式，这样企业才能够有较好的进步与持续发展。

该思维包括两个方面，即创业主体创新思想和坚持不放弃的思想。在给大学生进行创业精神培育的过程中，对这种思维影响创业主体创业前景起到的重要作用要有一个深入完全的认识。

纵观组成创业精神的几个因素，不难发现，创业的兴趣表现了创业主体的价值观；而创业理想则是创业主体希望达到的目的。对创业活动进行环境分析和机会识别是可行的前提，能够使创业者在创业活动前期，充分预见创业能否成功；持续创新的战略性思维是决定企业管理与发展水平的关键。

2. 大学生创业精神的需求

要想使得大学生创业意识得到进步，就必须强化对该方面的培养，这是时代性的客观需要与价值性的内在需要。大学生这个群体是今后最主要的人才力量，他们必须要拥有较好的创业意识、创业能力和创新思维。

（1）创业意识

创业意识是创业精神的核心要素，它可以用来较好地指导创业活动的方向。大学生自身的创业意识中，不单单有自己对创业机遇的敏感，而且希望自己创业获得成功，还渴望拥有良好的创业精神。对大学生开展创业精神培育，可以使他们更好地了解目前就业的情况，清楚地知道越来越多的人主动去创业是我国现在极为迫切的需求。在进行创业精神培育时，要在学校内创造出积极热烈的创业环境，让绝大多数的学生切实觉得创业是非常有用的，从而推动他们较好地建立创新思维和创业意识。创业活动的种类很多且各不相同，但是它们都和创业意识有着紧密地联系。

（2）创业能力

创业能力的作用是找到或者建造一个全新的区域，并且将精力都集中在对于新鲜事物的分析与创造上，同时还可以采用多样的手段较好地使用它们、促进它们的发展，从而产生各种新的结果。它是一种兼具综合性、实践性、创新性的能力，是创业者创造价值需要用到的技术、素养、文化等联系起来的综合体。就大学生而言，他们创业的能力应该是硬件各方面的力量与创业者个人能力的统筹结合。在高校里，不断学习增强个人能力是大学生的直接需求，也是增强个人创业能力最直接的途径。高校的创业精神培育在对大学生"三观"进行培育的同时，也培育了大学生的创业能力。通过高校的各种平台与政策，大学生可以高效地把自己的创业想法变为现实，在这个过程中提升自己的各项能力，进一步为大学生的创业夯实坚定的基础。

（3）创新思维

创业最根本的特点就是创新和变革。由此看出，将大学生脑中的创造性的思想发掘出来并进行培育，这是大学生创业精神培育中意义极大的一个部分，也是根本。从微观角度来讲，大学生具备创新思维，能够将其自身的主体特性展现出来，这样一来，就可以为自己的事业持续地储存前进的动力，做好未来的发展计划；而从宏观角度来说，只有创新型人才才可以更好地建设创新型国家，使得国家进步。

创业者具备的创新思维对于创业进程所产生的意义是极大的，它对事业的发展方向和潜力起到很重要的作用。让学生多去"看"是培育他们具备创新思维的根本，而指导他们多多操作则是激励他们思想的紧要步骤；多"想"的具体含义是要勤于进行思维活动，培养他们主动去发现问题，具体到创业活动，指的就是学生在没有被别人发现问题的地方可以找出问题，将这种思维使用到创业过程中，很可能作为企业和创业行业的宝贵创意。

简言之，对大学生进行创新思维的培养需要将知行合一，把"行"作为核心，教导学生勤于考量、善于观察事物、激励他们经常去尝试。这样，创新思维会牢牢固定在学生的脑子里，他们在未来的工作中才会有更多样的发展。

（五）大学生创业的特征

首先是当前大学生创业缺乏全面的创业理论及实践经验。结合目前的情况来看，我国基本上是从专业能力方面来培养大学生，所以，关于其相关知识的教育比较单一，很难真正运用到实践之中，这在一定程度上影响了其综合素质的提升。对于创业者来说，既要专业知识过硬，还应该具有大局观，有着较高的组织能力，更应该充分考虑到相关因素的影响，从真正意义上实现创业。事实上，创业并非想象当中很容易成功，如果仅仅按照书本知识显然是不够的，必须结合个人能力以及综合素质，从实际出发推动创业的进行，才可能获得成功。

其次，没有详细充分地认识到创业政策的相关内容。尽管一般大学生都会去了解国家对于大学生创业颁布的一系列扶持或者管理政策，但对于政策的具体内容，往往并没有做到真正掌握。举例来说，部分地方政府为了支持大学生创业，开创性地通过担保制来让大学生进行贷款，在3—5万的额度范围内实行低息或者是免息政策。但贷款时需要有第三方进行担保，而要让这一政策得到落实，往往牵涉到多个政府部门，多流程程序审批。涉世未深的大学生往往对行政审批较为陌生，不能很好地掌握相关政策，实际有效的行动因此受阻。由此可见，受到诸多因素的影响，创业者很难全面了解相关政策方针，因此很容易降低对政府的信任度。

此外，一部分创业大学生缺乏创新思维，科技含量不高。理论上来说，高校毕业的一大重要优势就是其掌握了科学知识和技术，拥有创新精神和创新能力，但是结合当前创业的实际情况来看，大学生往往并未充分利用其优势，创新力度不够。即便有着国家政策的扶持，不少大学生创业时，还是选择一些创业风险不太高、资金投入不大的传统行业，科技含量不高，有时甚至不具备科技含量。

最后，因为没有充足的项目资金，大学生很难支撑创业的可持续发展。事实上，创业项目要想获得成功，不仅要有创新思维和创新能力，更离不开资金的支撑。资金是其发展的核心与基本因素，失去了资金的支持，项目就难以顺利进行。目前，创业者基本上是通过家庭资金或者是银行贷款来维持创业资金的需求，但由于银行贷款的资金额度很小，大学生创业的资金严重不足，制约了创业的发展。因此，导致大学生创业的成功率不高。

第二节　创新与创业的关系

创新与创业分属两个不同学术领域，创业教育是以创新教育为基础的一个分支的拓展领域。"创新创业教育"概念的提出，其实是将两个不同学术领域的概念系统化的融合，是一个均不同于原来两个概念的新的教育理念体系。

我国有些高校20世纪90年代就开始实施创新创业教育，但时至今日仍普遍存在4种理念上的误区。

一是创办企业论，认为创新创业教育就是教会学生创办企业，实现高校学生创业就业。这是一种普遍存在的功利性创新创业教育观念，这种急功近利的创新创业教育根本不可能广泛提高国民的创新素质。就实施创新创业教育的管理者而言，他们大多认为创新创业教育是针对有创业意识和能力的学生的，并未真正理解创新创业教育在国民素质培养中的内在价值，因而不能在教学层面推广普遍的创新创业教育。就接受创新创业教育的学生而言，功利性的价值观局限了他们的判断，没有创业意愿的学生就不会对创新创业教育感兴趣。实质上，一个人一旦拥有了创新创业素质，就有可能在未来的任何岗位上实现更好地发展。

二是第二课堂论，认为创新创业教育就是开展第二课堂的发明或创业实践活动，包括发明大赛、创业计划大赛，创办创业园、孵化器或科技园等。学校组织一些有创业意愿和想法的学生，提供相关的资金、场地支持，由创业教师进行申办企业的流程指导，或者进行创业大赛，或者进行创业实践。这种活动面对的是极少数的学生，以此为平台创业成功的学生也是寥寥无几。严格意义上说，也就是一些创业实践社团而已，并未达到全覆盖的创业教育目的，更遑论面对全体学生的创新创业教育。

三是创业教育唯一论，认为创新创业教育就是创业教育。即使是重视创新创业教育的高校，在实际设计中也没有将创新教育与创业教育系统融合，只是重视创业教育而忽视创新教育，具体表现在实施方案中更加关注的是学生创办公司等直观效果的体现，而不是创新创业素质的推广与提升。教育管理部门、人力资源部门都有组织相关创业教育的师资培训、资格认证，我们也欣喜地看到，有了创业教师职称系列的单列。但是，真正决定全民创新素质的创新教育却被淹没在创业教育的大潮之中，相当多的高校都出现了创业教育锣鼓喧天、热闹非凡，创新教育无人理会、无声无息地冰火两重天现象。

四是创新创业边缘论，在一些高校，创新创业教育被认为是边缘教育，随着时代发展，改变创新创业教育的"失语"状态、在教育观念上破旧立新成为现实诉求。在创新创业教育推进中，简单认为二者均归为社团活动或实践竞赛，并没有从人才培养、学科发展的角度系统规划。

创新教育与创业教育应该是一个统一的教育体系，创新教育属于基础性通识教育，是致力于提高全民创新精神、创新意识和创新能力的学科，是服务于各专业各行业发展的素质教育课程，而创业教育是在创新教育引领之下、应用创新教育培养出的创新精神、积极投身创业实践的逻辑关系。

第三节　创新创业的重大意义

一、学院品牌树立的需要

教育部关于高等教育创新发展行动计划提出，要坚持产教融合、校企合作，方能将高等教育与社会发展同步。基于校企合作这一平台开展大学生创新创业教育是培养高素质、高技能人才的重要途径。校企合作办学，学院委派教师深入企业一线，了解企业的人才需求和要求，有助于更加科学地制定出科学的人才培养方案，让学生毕业后快速成为符合企业要求的合格员工，在获得企业认可的同时也提升了高校教学质量和学院的品牌知名度。

二、学生自身发展的需要

为了在毕业后能更好地适应社会，教师不仅要授业传道解惑，更要授之以渔，培养学生的技能和创新创业能力。学生只有掌握了科学的学习方法，坚持学习、自我革新，才可以适应企业不断地变化，才能在全民"学习型"社会中立足。

三、缓解就业压力的需要

社会就业是现代社会学中一个重要的话题，在全球范围内，就业都是国计民生的大事。对于大学就业问题的重视是推动社会整体就业率的需要。我国近些年的发展过程中，随着互联网经济和智能化技术的应用，人口红利逐渐消失，企业用工人数减少以及对于大学生人才需求逐渐提高，造成大学生就业的压力不断增加。

此外，对于当前大学生就业问题，还有一个非常重要的现象需要注意，就是随着大学的扩招，我国大学生在校人数连年增长，大学毕业生数据增加势必会给大学生就业带来很多问题。。而大学生是高校扩招和毕业生待业问题的关键，大学生毕业人数快速增加与就业市场需求的不断减少形成严重失衡。如果大学生就业问题得不到良好的解决，将会给整个社会带来一系列的问题，不利于经济社会的良好发展与社会稳定。信息就业理论指出在整个劳动力市场上应该更加关注信息因素，这些信息因素将在一定程度影响着就业水平。

随着互联网信息技术的发展和伴随而来的互联网经济发展，大学生们在广阔的互联网平台上将会获得更加广泛的信息，包括知识、技术以及理念等，这些不仅有助于大学生充分发挥自身优势获得创新创业的成功，而且有利于高职生就业问题的解决。

因此，从大学生创新创业的出发点来看，大学生通过创新创业可以很好地实现自主就业，从附带效应来看，创新创业将会带来更多的就业机会。这些对于我国当前的社会经济环境来说具有重要的意义。

四、企业可持续发展的需要

市场经济模式下,企业间的竞争实质就是创新的思维、人才的竞争。据相关的企业调查问卷显示,多数企业认为,当前人才应具备的重要素质包括知识技能、学习能力、创新能力、责任心和团队协作能力。只有员工具有以上能力,企业才能提供给社会最顶尖的产品和最优质的服务,同时收获大众的认可、收获经济效益。

五、建设创新型国家的需要

党的十九大报告明确指出,"加强职业教育、丰富培训体系、拓宽产教融合和校企合作渠道。鼓励并奖励更多勇于创新创业的企业"。所以在职业院校,特别是高校学生中培养具有创新精神、拥有创业能力的高素质技能型专业人才,为创新型国家建设做出贡献,是职业院校的职责,也是推动创新型国家建设的必要条件。

六、推动经济高质量发展的需要

我国经济发展在经历 2008 年全球性的经济危机后,不可避免地面对一系列的失业问题和经济的萎靡发展。同时在进入全面深化改革阶段,我国经济发展开始由制造业向服务业、高科技产业转型,依赖人口劳动力的经济基础需要实现全面的转型与改革。进入互联网高速发展时期,我国经济发展向创新驱动转变更加突出,坚持和着力推进"互联网+"行动计划是推进我国经济发展进入创新驱动的必然举措。根据国家相关机构的统计,可以发现当前我国互联网经济的发展正以一个较快的速度增长,年增长平均达到 30%,这使得我国企业的创新发展水平得到很大的提升。

其中,比较突出的代表是互联网电子商务的发展,线上购物交易的宏观数据持续增长,与此同时带动线上移动支付等一系列改变传统生活方式的产品革命。在互联网经济不断发展的今天,各行各业都在推进互联网+的升级,利用互联网技术和互联网商业模式进行产业升级。因此,随着未来互联网经济的逐渐深入,我国产业转型升级必然成为趋势,创新创业活动应成为推进互联网信息技术应用和创新的重要力量。

因此,推进互联网创新创业是当前时代发展的机遇,也是国家实现经济新增长、稳增长、可持续发展的必然需求。而创新创业是通过人力、物力、知识和资本等投入,不断平衡协调与创新,从而转化为新的产品与服务的过程。这一过程是创造新的产品的过程,同样是推动微观经济创新与进步发展的重要步骤。在我国经济发展全面进入互联网时代,推进"大众创新,万众创业"是推动我国社会发展进步的重要力量。

对于大学生这个群体来说,作为互联网经济时代的参与者和体验者,他们使用互联网产品和服务的同时也在不断思考新的产品与服务,然后借助创新创业予以产出,这是对社会经济转型发展的助力。创新创业的发展是顺应时代要求的主动求变,只有通过创新创业活动实现技术的变革、商业模式的颠覆和传统行业的赋能升级才能够推动我国经济社会发展进入一个新的增长期。

所以,在当前的时代背景下,推动创新创业将会是我国经济发展的重要活力源泉。大学生群体是充满活力和创新思维的群体,他们能够拥有足够的激情推动创新创业活动,并成为创新创业战场的最前沿。通过创新创业深入我国各个行业进行不断尝试,也将从微观主体单位对我国的整体经济发展产生重要的积极影响。

七、加快市场经济转型的需要

目前,中国已处于创新社会变革转型关键时期,高素质的能力在国家变革中起着至关重要的作用。作为提高创新创业教育水平的最前沿,高校在学生的能力培养中起着关键作用。

在常规教学充分利用专业教育资源的前提下,创新创业教学能够促使不同的专业高校学生巩固所学的知识,且将不同的知识信息变成了各种创新创业实践,使不同专业的学生在学习基础知识同时,促使其实践、创新能力同时得到发展,使社会具备了高素质的能力人才,并推动了市场经济的发展,加快了社会变革。

八、培养"双创"人才的需要

在经济新常态下,毕业生想在激烈的社会竞争中占据完全的有利地位,不仅应有理论基础,还要培养自己的创新精神,只有实现理论和创新的相结合,才能实现学生个体最终的发展目标。因为受传统教育影响,不同高校的课程往往采用"灌输式"教学方法。此种教学方式导致学生的创新意识得不到培养和发展,最终致使中国高校毕业生的创新能力严重落后于世界平均水平。而且通过开展创新创业教育,在提高不同年级大学生创新意识的同时也培养学生的创造力,提升学生"双创"意识,进而为国家输送高素质人才。

第二章　大学生创新创业机遇与挑战

随着通信互联网技术普遍应用于生活生产之中，社会已经进入智能信息化的网络经济时代，逐渐成熟的5G、AI、物联网等信息技术加持，深度结合国家"互联网＋"行动计划，推动中国经济向好发展。大学生是多专业多行业发展的新生力量，在"互联网＋"视角下，大学生如何能更好地实现创新创业，缓解当前社会高校毕业生就业问题，是社会研究的热点。本章分为大学生创新创业的机遇、大学生创新创业的挑战两部分。主要内容包括高校支持促进创新创业发展、创业机会增加、创业结构优化、创业成功率提升等方面。

第一节　大学生创新创业的机遇

随着"互联网＋"经济模式的推广应用，使得产业信息交流便捷，推动传统产业向互联网新型产业转化，增加企业的生产活力和产品竞争力，推动产业持续发展。"互联网＋"技术的快速推进，造就大量创新创业的机会，为国家经济发展赋能。

一、政府扶持政策推动创新创业发展

政府出台"大众创新、万众创新"激励创新创业政策，简政放权、中小企业专项资金、税费减免、跟踪扶持等。政策目的是推动国家经济发展，促使传统行业进行产业升级，提高企业市场竞争力。根据国家出台的一系列政策涉及社会市场、高等教育等方面，通过精准指导创业，培养创新创业人才，营造创业者敢创业、能创业、创的成的社会氛围，大学生作为社会的先进集体，更具创新创业热情。2020年中国已经实现国务院《国务院关于大力发展电子商务加快培育经济新动力的意见》，建成统一开放、竞争有序、诚信守法、安全可靠的互联网经济市场，为"互联网＋"经济创新创业发展提供动力。

"互联网+"时代是黄金创业年代,也是大学生创新创业的最佳创业期。大学生年轻活力有激情,对未来满心期待,善于思考利用自身优势,具有承受创新创业失败风险的能力。在互联网环境里,大学生愿意尝鲜新事物,社会群体适应性强。对于新兴的信息技术内化了解接受能力突出,对于"互联网+"经济下的创新创业机会外化更加敏感。知识储备转化为创业资本,是大学生创新创业的突出优势,也是"互联网+"经济模式给予大学生的时代创业机遇。

二、高校支持促进创新创业发展

高校是大学生创新创业的主要阵地,很多高校在大学生创新创业方面都给予了一定的帮助,如高校针对校内创新创业逐步展开了创业服务、创业基地和创业扶持资金政策。

(一)创业服务

创业服务方面主要是高校针对大学生创新创业的过程中给予的一系列帮扶性服务。如高校在校内成立创业协会、创业教育学院等专业性的组织,并依托创业基地建设给予创业组织提供指导教师、创业课堂、创业市场对接平台等。借助这些创业服务,大学生更加明确自身的创业方向,也能够使自己的创业素质得到提升。同时,学校也积极地帮助大学生创业项目转化。

(二)创业场地

创业场地主要是大学生创业项目开展的办公环境。目前,很多高校已经在学校建立了创业孵化中心,为大学生提供创业办公场所。同时也会为大学生创业提供校内店面等,帮助他们进行产品和服务的市场化。同时,高校也积极推动大学生创业项目的社会交流。鼓励创业项目走出去,以获得更多的发展空间。

(三)专项创业扶持基金

政府在创业资金方面给予了创业团队一定的扶持,高校在这一方面也为大学生创新创业提供了便利。很多高校都有提供用于扶持校内学生创业的专项资金。这些创业资金在大学生成立创业队伍后,根据商业计划书进行申报,经过学校专家的评审后方可获得专项资金,并且会由学校开展定期的检查,做到专项资金的专用。

三、互联网环境为创新创业提供了新的土壤

互联网传播信息没有时间、地理位置限制，使得一些传统行业因为信息闭塞而不能实现交易的问题得到解决。新兴互联网技术的发展应用促使传统行业进行产业结构升级，为大学生创新创业选择有了更广泛的平台，政府组织建立包含工业、农产品等"互联网+"服务平台，使得原本产品消息盲区的买卖双方及时沟通达成交易。基于"互联网+"经济的共享共赢的模式，为大学生创新创业更多的平台机会选择。

在互联网的环境下，每一位用户都是信息的输入、输出和创造者，在互联网的平台里，众多志同道合的人可以汇聚一起共享信息，使得创业者不再是独立奋斗，产业生产经营资源共享，使得共同创新创业的模式兴起。产业链各环节共同经营，在互联网环境下进行线上线下共同管理模式，商业产品之间的连接，促进产业更具创新性。"互联网+"经济模式在于传统行业融合产生新的价值化学反应，为大学生创新创业带来可行性操作空间。

例如，大学生可以通过自己擅长的专业方向，总结行业信息开设公众号推广，在自媒体平台做新媒体人等，大批新兴的互联网产业为大学生创新创业提供了创业思路，使得市场经济创业模式多样化。腾讯众筹平台、京东众筹平台等实现对优秀创业团队的创新产品项目实现零成本创业。由于创业联合创业模式大大提高了创业空间，降低创业难度，不仅吸引更多的大学生借助互联网平台进行创新创业，更能为大学生提供创业资源共享的优质服务，提高大学生创新创业的可行性。

（一）增加了创业机会

随着互联网的信息普及，虚拟经济得到繁荣发展，自主创业成功的案例数不胜数，这为具有创业热情的大学生带来了不竭的动力。与此同时，近几年来，国家大力推动互联网经济的发展，为大学生的自主创新创业营造了良好的市场环境，只要学生具备良好的职业素养和敏锐的洞察力，就能找到创新创业的有效的切入点。除此以外，网络平台的便利吸引了大批量的用户，同时互联网可以真正融入人们的日常生活中，大幅度拓宽了学生的创业空间。

（二）优化了创业结构的

对于大学阶段的学生来说，虽然其缺乏社会阅历和工作经验，但是"互联网+"产业融合的优势最有效的补齐了这一短板。在互联网创业模式下，学生不必再将思维和模式局限于传统创业的"投资—收入"的模式上，而是将目光放长远，

考虑智能化、科技化以及便捷化的结构模式发展，追逐新的经济增长点。在这一形势下，大学生创新创业的结构实现优化，有利于推动新兴行业的发展和变革。

（三）提升了创业成功率

大学生创新创业并不是一项新概念，但在传统背景下，能够成功创业并取得一定成就的大学生却寥寥无几。之所以会产生这一问题，其根本原因在于大学生创业过程中的信息不对称情况，缺乏市场经验的大学生难以把握大众的实际需求，导致创业的成效预估以及创新点与市场需求不一致。但在"互联网＋"背景下，信息的获取途径更加多元，具有创新创业意愿的学生，可以借助相关平台实现协调监督、联系对接，从而优化对信息资源的配置，找准创新创业的切入点，这无疑大幅度提升了大学生创新创业的成功概率。

（四）便利的网课学习环境

随着互联网在我国新常态形势中的广泛渗透，为大学生的创新创业教育提供了更加便利的实施途径。学校通过网络布置创业指导课程，可以方便学生随时随地地投入到网课学习当中。而利用网络途径，大学生创新创业教育的课程也能及时跟上时代的脚步，让教育的涵盖范围更为全面。如根据前沿的创业发展形势，剖析最为科学的创业法则、创业步骤，引入各种成功的创业案例，为学生提供全面的创业指导。

（五）广阔的发展交流平台

大学生创新创业教育并不只是帮助学生解决创业问题、规划创业前景，它还会教导大学生如何进行正确的交际，与人高效地进行合作互助。在"互联网＋"新常态下，发展交流的广阔平台如雨后春笋般涌现。如果大学生的交际能力不足，将很难与人达成共识，对自己的创业发展极为不利。而通过大学生创新创业教育，可以弥补大学生交际方面的短板，可以让学生在合适的环境中，带给合作伙伴舒服的交际感，帮助大学生在互联网的创业交流平台上如鱼得水。

（六）丰富的信息推广渠道

大学生的创业初期重在推广，打响企业的名气。互联网虽然为大学生提供了丰富的信息推广渠道，但如何用健康、合理的方式将这些信息渠道高效利用，大多数学生却摸不到头绪。通过大学生创新创业教育，导师可以帮助学生将网络中的信息灵活分类，教导学生学会如何有效利用信息工具、舆论武器来武装自己、宣传自己，让大学生能更好地利用网络模式促进自身的创业发展。

（七）创新创业前景前沿

互联网连通了整个世界，大学生通过网络可以及时了解前沿的创新创业前景，这都是大学生面前琳琅满目的创业选择。而针对这些蓬勃发展的方向，大学生必须要做好慎重的决定。在此基础上，通过大学生创新创业教育的培养，可以帮助大学生有效规避风险。从各种前沿创业前景中剔除掉不适合自己的内容，这样可以助力大学生做好创业的前期规划。

第二节 大学生创新创业的挑战

一、缺乏创业运作经验

（一）股权分配经验

一个团队在进行创业时需要面对的一个问题是创业公司的利益分配问题。合理的股权分配对于创业公司的成长与发展至关重要。很多创业团队缺乏股权分配的知识以及分配经验，为了公司的项目开展，选择公司创始团队的股票均分。但是这种分配方式会极大地伤害创业项目的成功运作。

首先，平均分配的股权结构，在投资人看来容易在团队内部产生矛盾，并不看好企业的发展潜力，从而影响公司在投资市场的融资。其次，股权的平均分配影响日常项目的运作，最突出的一点就是不利于调动大家的积极性。因为团队成员做的工作有差异，且付出多少有差异，均分的股权容易使得付出更多的成员产生意见，从而导致团队不和。最后，一个创业项目必须有一个核心成员做出关键决策，如果缺乏股权的集中度在决策时的效率就会很低，遇事缺乏船长精神的成员，就会给项目的运转带来很多不确定性风险。

（二）团队管理

很多创业项目的开展都是从项目本身展开的，不重视对与项目团队的建设与管理。从而导致团队内部不能够很好的协调，成员之间缺乏有效的协作，效率低下或激励不足。导致这一问题的重要原因就是创业团队管理者的团队管理经验缺失。很多创业团队成员虽然在校期间有丰富的社团经历，但是与创业活动相比，二者有本质的差异。前者是社团组织，在校内只需要按照社团规章推进社团运转，而后者是创业团队，追求项目的商业化目标。因此，不能够很好地进行创业团队管理，将会影响创业项目的效率，久而久之甚至导致团队分裂。

（三）社会交流

社会交流是创业团队必须面对的事情，包括外部项目合作，创业资源的获取以及处理与政府行政相关事宜等。如果团队内不能够很好地对与外部事务的处理，将会使创业项目丧失很多优质的创业项目发展机会。

二、创新创业政策不到位

近几年来，社会上创新创业的文化氛围有所改善，但是包括优惠政策和监管政策在内的创新创业政策制度仍旧有待完善。在大学生创新创业优惠政策方面，政府部门在税收方面予以支持，但是在创业资金方面的投入相对较少，环境因素以及相关资源未能得到充分调动，导致大学生对创新创业缺乏信心和热情。而在市场监管方面，政府对于金融市场的监管还有待加强，如此才能为大学生的创新创业提供资金层次的保障。

三、注重形式大于内容

大部分高校无创新创业教育的专任教师，且担任大学生创新创业教育的大部分教师自身并无企业创业经历。大部分学校承担创新创业教育的教师为本校的辅导员、团委书记，这部分教师本身没有企业管理、运营的经验，只是为了完成这门课程的教学任务而开设创新创业指导课，一般都是被动的、照本宣科、填鸭式的教学方式，学生在学期末交一篇论文就可以完成创新创业学分，缺乏对课程的实际操作，某些高校虽然聘请了校外创新创业导师，但都是以报告或讲座的形式，每学期开展几次，没有真正意义上实现聘请企业创新创业导师和学生一对一实践操作或项目的运营，绝大多数学生对创新创业认知比较模糊，甚至认为创新创业就是单纯的开公司、办企业，而并没有把创新思维方式、理念和创新工作效能融入学习和工作中去，功利性较重；部分高校将创新创业教育纳入"第二课堂""重兴趣，轻思考"，只是为了激发个人兴趣爱好和潜能，没有形成系统的培养体系，或者将创新创业教育视为"自上而下"的一种教学传达方式，为了完成上级教学任务而疲于应付，缺乏主动性、创造性和思考性，缺乏全面的统筹和规划；部分高校的创新创业课程设置不合理，甚至流于形式。

据调查，大多数高校在大学四年并没有连续开设创新创业教育课程，为了创新学分的毕业要求，只在大四或大三最后一学期开设，一般课程学时设置在 6~8 个学时，基本上都为课堂教学形式，基于条件限制，企业实习实践教学次数几乎为零，甚至在有些学校没有开设专门的创新创业课程，考核流于形式，学生只需要在期末写一篇某领域的综述，而对质量并无要求。形式大于内容的创新人才培养导致"高均值、低方差"，现象非常严重，而由此衍生出的"教"大于"学"、有"教"无"学""教不得法""一言堂""满堂灌"现象导致学生缺乏能动性、创新性和解决问题能力，无法适应市场经济和时代发展需求。

四、创新创业教育体系不完善

虽然绝大多数高校已经为学生开设了大学生职业生涯规划与就业指导课程，但是课程体系整体停留在理论层次，与社会行业发展趋势相脱节，缺乏科学性和系统性，对学生的创新创业意识发展起不到实质作用。与此同时，大学生职业生涯规划与就业指导课程普遍作为一门公共选修课程而存在，院校方面会结合学生的考试成绩对学生进行评价，难以真正有效的培养学生的创新创业能力。最后，在教师资源配置方面，高校方面教师大多从事科研和教学工作，普遍不具备创业实践经历，难以对学生展开有效的创业指导。

五、创新创业教育存在意识上的落后

意识对于实际实践活动有指导作用，没有正确意识的指导很难科学地完成新工科背景下的大学生创新创业教育。虽然现阶段国家文件中多次提到了大学生创新创业教育，教育部以及相关部门也一再要求高校要重视创新创业教育，但是从实际情况来看，许多高校的发展目的就是创收，而对于毕业的硬性要求也只是就业率。管理阶层不仅看不到长远的利益，反而会担忧创新创业教育所需要的投入，这就导致其无法对工科学生创新创业教育形成正确的认识，经常性地将该课程当作"水课"甚至是根本不纳入教学计划中，这对于实际实践的开展形成了反作用。部分学生存在意识上的落后，调查发现，很多工科学生选择工科只是为了毕业之后有一个稳定的工作，丝毫不对创新创业进行考虑，就算校内有创新创业相关课程也丝毫不放在心上，这样一来，就算课程再优质，对学生也没有实质性的帮助。

六、创新创业教育功能片面化

当前，创新创业教育在人才培养、科学研究、社会服务等教育功能上出现了种种困境与错位异化现象。认为创新人才的培养只是为了促进就业或单纯的开公司，或者是"就业指导或咨询"工作，功利化现象非常严重，事实上，任何的创新创业都是对自我潜能的挖掘和自我价值的实现过程，与个人的发展是密不可分的；在科学研究领域，片面地认为创新创业就是做发明专利或实现某个产品功能的商业价值转化，忽视了创新教育与学科教育背景的紧密结合，缺乏学科知识点的支撑，缺乏对学科的创新能力的培养，科学研究只能是偏离正常的科学轨道，闭门造车而出门不合辙，违背了事物发展的科学规律。

某些高校为大学生设置了科研训练计划项目，但并没有把创新创业教育和创新型人才的培养纳入科研项目训练中，甚至大学生科研只是导师布置的一项工作或任务，没有发挥学生的个人能动性和创造力，认为创新创业只是少数同学的事，没有在思想上真正认识到创新创业教育的本质内涵和对创新思维意识的培养；在社会服务方面，某些高校认为创新创业就是为学生找到一份满意的职业，带领学生参加几次校外社会实习实践，没有把激发学生主体意识、激发人的潜能、全面发展和个性发展放在首要位置去考虑。创新创业教育强调问题导向和市场需求导向，在专业教育中融入创新创业的相关知识及技能，产学研协同创新是实现科研创新的新动能的重要引擎，是实体经济支撑，也是最终实现社会服务功能的落脚点。

七、创新创业教育师资力量薄弱

没有高素质的教师团队几乎不可能培养出真正具有创新创业能力的工科学生，而现阶段很多高校都显示出创新创业教育师资力量薄弱的现象，主要表现在以下三个方面：一是教师团队整体素质不高，一些高校学生反映，其创新创业教师理论较为陈旧，所使用的教学模式大多是已经过时的模式，甚至经常性会出现一些错误言论，这就会对学生产生错误引导，不仅不利于工科生创新创业能力的培养，而且还可能将其引入歧途；二是很多高校根本没有创新创业授课教师，而是采用其他专业教师代课的形式，这些教师所教授的理论全都来自网络，基本体现不出自己的观点，学生在其课堂上学习理论还不如直接去网络查找资料，这对于认真学习的学生而言是极大的不尊重；三是高校内创新创业授课教师缺乏实践，一些教师自己都没有创新创业经验，甚至其工作经验就只是毕业后去学校当教师，却站在讲台上夸夸其谈，学生无法从其课堂上汲取影响，更无法跟随其脚步学习实践经验，不利于学生实践能力的培养。

八、创新创业教育模式与实际相脱节

高等教育旨在为社会培养高水平与高能力的应用型人才，地方院校培养的大学生应该具备区域企业所需求的知识和能力。而在现实中，大多数高校制定的学生培养方案不符合企业的实际需求，也没有从本校学生的实际情况出发，导致学生只是为了取得学分而失去了学习新知识、接受新鲜事物的兴趣；学生的创新创业课程注重理论的灌输而忽视了实践的演练操作，课程体系不规范且不统一，导致创新创业教育与需要培养的专业技能相脱节；学生课程的实验内容过于注重完成任务却与企业不接轨，学生学习的内容无法更好地融入社会中加以运用。

教学模式单一，习惯采取传统教学模式，2020年新冠肺炎疫情的暴发确实助推了线上教育的发展，线上的微课、翻转课堂、MOOC等掀起了热潮。但也伴随着许多问题的出现，如线上内容繁杂没有重点，教师线上授课能力差，学生纯粹打片签到，课程内容多，但学而不精等。这些问题带来的后果是高校培养的人才不符合用人单位的需求，造成毕业生就业难、企业劝退率高等问题。

总而言之，目前大部分高校创新创业教育的课程和教学还没有与产教融合发展体系相融合，教学模式与手段还不符合新时代的新要求，创新创业教育与信息技术结合可以说是任重而道远。

九、高校创新创业实训基地平台建设不完善

高校创新创业实训基地平台是学生的一个实践平台，对学生在校期间培养创新意识、锻炼创新能力，具有无可替代的作用。但是目前很多高校存在以下几方面的问题：第一，创新创业实训基地平台基础设施不完善，基本的实验器材无法满足学生的使用需求，学校在基础设施方面投入的资金严重不足；第二，创新创业实训基地没有完整规范的管理制度，照搬其他学校的管理机制，不考虑本校的实际情况，没有从本校学生出发，忽视了学生的需求；第三，创新创业实训基地无法实时提供创业动态信息和知识，或提供的只是浮于表面、司空见惯的创业案例，无法成为一个创新创业的交流平台；第四，创新创业实训基地没有实现高校与企业的资源整合，没有注重开展产教融合与企业共建高校创新创业实践教学体系。

十、系统性的创新创业课程体系尚未形成

创新创业教育是对学生综合能力进行培养的素质教育，不仅需要培育学生的创新思维和创业意识，而且还必须掌握一定的知识和技能以用于创新创业实践。一方面，当前高校的创新创业教育课程与专业教育课程相互分离，导致学生学习到的专业知识技能难以用于创新创业实践。另一方面，随着我国社会经济的发展，商业模式和相关法律法规不断推陈出新，高校的创新创业课程体系严重滞后于产业发展趋势。创新创业教育与专业教育缺乏融合，并与社会实际相脱节，未能形成系统性的创新创业课程体系，给创新创业教育的成效带来一定的负面影响。

十一、企业对大学生创新创业支持不足

企业对于支持大学生创业也是有一定责任的,可能很多人不解:身为企业,能少一个竞争对手不是一件万幸的事情吗,何况还是少了那么多是高层次人才的竞争对手。虽然从竞争对手这个角度来看或许不支持大学生创业是一个更好的选择,可是从长远的角度来看,竞争可以激发市场的活力,让每一个竞争者都可以不断地努力和进步,让每一个参与者都有危机感,这是起到积极作用的。从另一个方面来看,企业不一定要把创业大学生放在自己的对立面上,俗话说"敌人的敌人就是朋友",一个企业的敌人和对手肯定是另一家与它竞争的企业,既然对手方的企业把创业大学生视作洪水猛兽,那么何不容纳创业大学生,让其作为自己的合作伙伴呢。

(一)企业参与数量少

企业在出现在大学生创业活动的起点一般就是主办或与高校联合,冠名大学生创新创业类的比赛,企业在组织和承办大学生创新创业类比赛是较少的,据经常参加此类比赛的同学表示,每年能了解并参与到的企业主办的比赛只有两个左右。管中窥豹,企业对参与大学生创业活动的冷淡体现得淋漓尽致。就算在政府主办的"互联网+"系列比赛和"挑战杯"系列的比赛现场中,观众大部分还是以学生为主,观看的企业人数并不多。从以上两个方面都可以看出企业在参与大学生创业活动中,能给予创业大学生帮助的企业少之又少。

(二)企业参与程度低

企业在参与支持大学生创业活动的行为中可以是多方面的,可以采取间接和直接两种程度不同的参与方式,比如间接地参与;创办大学生创新创业类比赛,给有创意的大学生一个展示自己的机会;开展创办有关创业知识的公益性讲座,把企业从无到有的起步过程分享给广大正准备创业的或是正在努力创业的青年创业者们。也可以采用直接支持的参与方式;对感兴趣的大学生创业项目伸出援手,在资金、技术、场地等多方面地满足创业大学生的需要,可谓是只要创业大学生有好的项目,那么他就等于拥有了未来,可以正眼看世界了。可是理想很美好,在现实生活中却往往总是不尽如人意的,明明企业和创业大学生可以合作共赢,但我们缺几乎见不到企业对大学生创业提供直接支持,而能做到对大学生创业提供间接支持的企业都是凤毛麟角,这就说明企业对大学生创业活动参与程度低,根本没有进行过一个系统的资源整合过程,这也是影响大学生创业支持不足的因素之一。

第三章 大学生创新思维与创新方法

近年来，我国不断推进创新驱动战略和教育理念实施，强调培养创新人才建设创新型国家。创新思维是创新能力的核心和灵魂，如何提升大学生创新思维能力已经成为大学生双创教育中重要的课题。本章分为大学生创新思维和大学生创新方法两个部分。主要内容包括创新思维的内涵及形式，大学生创新思维研究现状和培养现状及培养策略，大学生创新的模例学导法、头脑风暴法等方面。

第一节 大学生创新思维

一、创新思维的内涵及形式

（一）创新思维的含义

创新思维作为一种赋有开创意义的思维活动，是人类大脑的一种思维方式，是人们在准确把握科学规律的基础上，通过打破常规思维习惯，挖掘新思路，用新颖独特的思维方式从多个角度解决问题。

创新思维可以分为广义和狭义两种。从广义上讲，创新思维不仅包括人们在思维活动过程中直接提出所有新解决方案的思维方式，还包括人们间接的参与创新的思维方式。狭义的创新思维严格地说是一种具有开创意义的创新思维过程，这意味着人们更加关注创新活动中创新成果的直接形成，例如灵感，洞察力，直觉和其他非逻辑思维形式。

（二）创新思维的基本形式

创新思维具体的形式及其内涵如表 3-1 所示。

表 3-1 创新思维的基本形式及具体内涵

形式	具体内涵
发散思维	现有的信息，通过不同的角度和方法产生多种不同的解决方案，由此获得不同的结果，差异越大，关联就越丰富。系统的思维过程具有辐射性，放射性和开放性的特点。发散思维的过程就像车轮上的车圈，车圈上的很多辐条以直径为中心向外发散。
收敛思维	寻求最佳答案或逐步推论出已知前提的唯一结果。收敛思维就像是车圈上的辐条由外部向中心收敛，因此收敛思维是一个具有单一目标且封闭的思维形式。
逆向思维	从相反的方向思考问题的解决方案，避免单一的积极思考和一维认知过程的机械化，克服线性因果关系的简化，并从相反角度观察和认识对象。
联想思维	将已掌握到的知识与某个思维对象联系结合起来，并从其相关性中汲取灵感和启发，从而获得创新想象力。联系越多，就越有可能出现新观念、新想法及新方案。
纵向思维	在固定的结构框架内按照可预测的方向及顺序进行程序化思考的形式。这种思维形式与人们对事物的认知习惯是一致的，比较清楚而合乎逻辑。
横向思维	突破问题的结构范围，从其他领域的事物和事实中汲取灵感并产生新思想的思维方式。
直觉思维	通过很少的本质现象直接掌握事物的本质和规律。这是一个没有争论的判断，也是思想的自由创造。
灵感思维	人们在直觉的作用下面对问题时会突然理解的一种形式。当需要解决问题时，可以以适当的形式突然呈现隐藏的事物在潜意识中的信息。

二、大学生创新思维现状

（一）大学生创新思维研究现状

1. 国外创新思维研究现状

国外对创新思维的研究比较悠久，尤其是发达国家对创新思维的相关研究更早，重视程度更高。最具代表性的有英国、美国和日本，目前各国根据本国国情已经具备完善的创新思维培养体系。

英国科学家高尔顿是最早提出并研究创新思维的，他于1869年著作的《遗传与天才》被称为研究创新思维最早的科研成果。另外，"记忆之父"托尼·博赞创作了一种学习工具，称之为思维导图，这是对思维方式的转变。它符合人脑的自然思维方式，提高了我们的工作效率和学习效率，并已成为当今世界上重要且流行的学习工具。

美国心理学家约瑟夫·华莱士于1940年中期在他的《思考的艺术》一书中对创新思维的心理过程进行了深入的探索和研究，并提出了创新思维的四个阶段：准备阶段、孵化阶段、明朗阶段和验证过程，这四个阶段对创新思维的研究和发展产生了重要影响。美国心理学家吉尔福特从三个方面进行了研究，分别是：功能、内容和产品，促进了创新人才在高等教育中的发展。

日本非常注重科技研究成果的转化，倡导高校与企业联合开展创新工作。20世纪90年代，日本大力推动发展创新战略，倡导知识创新加强创新人才培养，吸引外来的创新优秀人才，提高日本在相关方面的国际竞争力。日本在2007年提出了"创新25"的长期发展战略，强调人才创新是创新立国之本。另外，日本要求基础教育阶段的学生采用创新思维知识，学校有义务定期邀请科研机构和著名科学家为学生介绍最先进的科学技术知识。除此之外，日本建立了专门的创新思维研究机构，目的是培养公民的创新思维能力，使创新思维不仅在学生的教育中得到展现，而且在全民的日常生活中也得到普及。

2. 国内创新思维研究现状

我国的创新思维相比与国外研究起步较晚。钱学森教授在1980年初，提出问题"如何培养创新型人才"引起了各位学者的关注。在钱教授的倡导下成立了"思维科学学会筹委会"，并在全国召开"创新思维科学研讨会"，此次会议被称为国内打开创新思维研究进程的里程碑，从此我国学者逐渐对创新思维有了研究，有关创新思维的研究也如火如荼地开展起来，研究成果也大量上升。研究者基于不同的视角全面探讨了大学生创新思维培养模式的相关问题，对其理论基础进行了必要的梳理。

李存金认为大学生应从社会实践、创新科技活动、创新实验活动和基础实践等方面培养创新思维能力。从多角度出发，建立和完善培养学生创新思维能力的实践机制；张金帅等在基于问题的学习模式基础上，以问题的主线来组织教学，使学生可以在学习中占主导地位，教师和学生成为平等的合作者，并且改进知识的展现方式和灵活学习的评估方式；李庆丰等通过对工科大学生的调查研究，从专业、生源、性别等多个方面来看，创造性思维发展水平较低是理工科学生、农村学生和男生；许冬梅建立了统一有效的创新思维训练课程体系，通过脑力活动训练、创新技术、创新投入和经典思维方式构建框架，探索大学生的创新思维教育路径；郑海霞等通过营造创新教育氛围和环境，建立专职创新创业机构，创建金字塔型创新创业教育培训平台，开展大学生科技创新竞赛活动，建立创新实践体系以大学生科技竞赛为基础的创业教育；郭建如等利用多层线性模型从学校、院系和个体层面考察大学生创新能力的影响机制。结果表明：不同层级的大学和学科门类对培养学生的创新能力差异不显著。在教学活动进行过程中，每个活动环节对创新型人格和创新思维的影响都有限，但对内容优势的影响却很小。而课程和师生互动及高质量的科学研究和社会实践对学生创新思维能力的培养有一定积极作用和影响。

（二）大学生创新思维培养现状

2. 教学方式缺乏创新

传统的教学中以老师为主，学生为辅，教师整节课的教学模式比较程序化，长久以来，学生的思维也被定势，在遇到困难时，很难换种思维思考和解决问题。繁重的作业及考试压力也是影响学生积极性的原因，教师应当合理安排课业的质量，而不是数量。教师还应注重灵活的教学评价方式，不应只在乎作业最终完成的效果，而是在学生实践的过程中注意观察学生的体验感和获得感。

3. 学生学习积极性不高

大部分学生在遇到问题时总是偶尔去思考解决，缺乏主动思考的能力，这严重阻碍了创新能力的发展，其中行动力不强也占了很大的比重。学生的积极性不高，导致行动力不强。

4. 教学体系不完善

学校目前的课程教材知识比较笼统，理论知识偏多，教师不知如何应用于实践，导致学生从根本上就无法有系统的创新思维培养体系。完善教学体系可以从理论结合实践出发，另外部分教师还应加强学习创新思维方面的知识，只有这样，教学体系才会完善，学生才能更好地提升创新思维能力。

三、大学生创新思维培养策略

（一）大学生发散思维的培养策略

1. 学从实际生活入手

学生应从生活入手，应切合生活实际，在日常生活中，有很多问题是需要待解决的，但是人们却熟视无睹。例如，在公园里很多遛狗人士对于狗狗猝不及防的便便却不知所措；作为新手妈妈却不知道婴儿在半夜几时会踹被子，而后又因为宝贝的发烧感冒感到自责；在商场购物时总是为了寻找一件商品，将好几个货架从头到尾找一遍。像这样大大小小的问题，在我们的生活中无处不在。所以，教师应提倡学生从实际生活入手，将生活中遇到的问题进行发散且广泛的思考，可以运用头脑风暴法、KJ法等方法提出更多的解决方案。

2. 加强分组协作式学习

在大学课程的学习中，很多课程的环节都不是单一的，而是工作量较大。分组协作式学习不仅可以解决工作量的压力，更是可以在学习上出谋划策。小组内学生为达到设计的同一个目的一起不懈努力，将自己的所学所想各抒己见，不断摩擦碰撞，集体讨论成员提出的优缺点，发挥主观能动性，让课程作业顺利开展。分组协作式学习，更利于学生思维的无限发散培养其团队意识。能够提高学生课堂的参与度，将传统的教师在台上讲转变成了学生在台上汇报，汇报学生在汇报小组成果时，组内其他成员也可做补充，其他学生可以发表不同意见，课堂的氛围不断提升，学生的积极性也会随之提高，设计出的作品也会更有成就感。

（二）学生逆向思维的培养策略

1. 打破传统的思维定式

大学生教育应是与时俱进的，不该受到传统思维的束缚。逆向思维正是一种打破固有定制的思维形式，多思考事物的正反面的思维形式。当学生在束手无策时，运用逆向思维可以达到出奇制胜的效果。

2. 鼓励学生大胆质疑

要敢于质疑，敢于说"不"。教师应当引导学生进行独立思考，敢于质疑，不应该以自我为中心，牵着学生走不利于其创新思维能力的提升。例如，在课堂上，教师可以提出一个观点，询问学生是否同意，若不同意，学生的观点又是什么？当学生回答完毕后，教师仍可以继续询问其他学生有什么不同观点，教师对产生质疑的学生表示肯定和鼓励。学生在思考问题时，不仅要从正面的方向去思考，也应该从相反的方向着手并探寻新的点。学生只有大胆地提出质疑，才会碰撞出新的火花，才会在思维上天马行空，形成自己独特的思维方式。

（三）学生联想思维的培养策略

1. 增强学生探究问题的主动性

在联想思维的培养中，学生探究问题的主动性尤为重要，学生在遇到问题时需要主动思考、主动联想，不断探究问题的相似之处进行联想，联想越多，创意方案就会越多，创新的想法就会越新奇。例如，人们畅想像鸟一样在天空飞翔，所以通过联想创造了飞机；提到叶子，就会联想到虫子和大树；提到学生，便会联想到学生的家长教师等；世间万物皆可联想，联想思维在设计领域有着重要的地位，学生在学习过程中，教师应引导学生主动联想，提高学生的积极性。

2. 灵活运用思维导图工具

思维导图将关联、比较的事物进行逐一分析，使复杂的头绪简单、清晰、明了。在大学生教育教学中，思维导图的运用无处不在，教师要将此种工具引导学生熟练应用。灵活使用思维导图工具可以帮助学生在设计过程中提高效率，也是一种比较系统思考的知识建构方法。

（四）学生灵感思维的培养策略

1. 提高对生活的观察能力

观察力来源于生活。在大学生创新思维中，灵感是非常重要的，那么灵感从何而来，到底是有形的还是无形的。提到培养学生的发散思维要提倡学生从实际生活入手，寻找生活中的困难点。同样的，灵感思维的培养也要从生活入手，提高学生对日常生活的观察。教师应引导学生发现自然并体验生活。对事物进行观察时，还应有计划有针对性的理解。教师还要鼓励学生注意观察细节，善于梳理清晰的思路，养成仔细观察的好习惯，从而为自己的课题研究带来灵感。

2.加强对综合知识的掌握

灵感在创新中能够带来不可估量的启发，灵感的由来不只是简单的灵光一现。教师要引导学生不仅关注自己的专业领域，还应对其他专业领域有所了解，加强对综合知识的掌握，做到与时俱进。培养学生对事物的敏感度。例如，在生活中，可以多多培养自己的兴趣爱好，多读书，做一个热爱生活的人，综合知识的掌握为灵感的出现带来最扎实的基础。鼓励学生要常用脑，多思考，善于将掌握的知识与实际生活相结合，达到创新思维的新境界。

第二节 大学生创新方法

一、模例学导法

这是应用思路的提示法，通过发明创造塑造、提高人的创新力和素质。这种创新技法通常要通过九个步骤来进行，如图3-1所示。

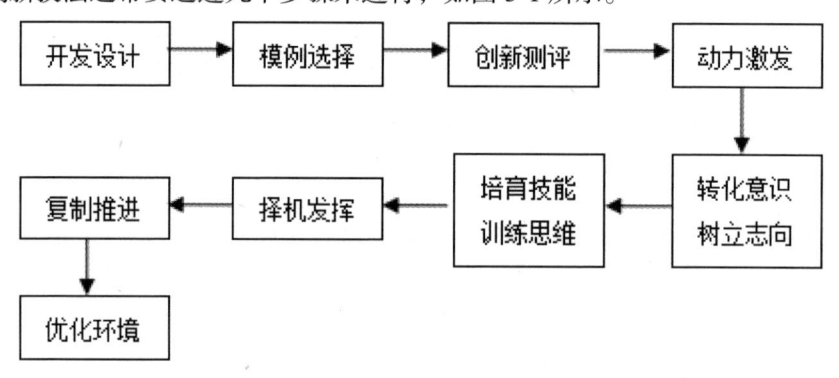

图3-1 模例学导流程

这种创新方法是运用四个模块进行教学的方法。

①模——应用创新发明及相关学科揭示的规律、原理、方法、技巧，根据创新力开发的需要而编制的创新知识单元。

②例——这是模块进行的基础，通过编写有针对性的案例对模块进行分类编码。

③学——教学员接受创新性思维的训练，学习研究解题方法，使学员带着有准备的头脑参与开发活动。

④导——剖析案例，做出演示，激发学员的创新精神；转化创新意识，启迪创新灵感，提高创新素质，帮助学员走创新之路。

二、头脑风暴法

这是激发思维的一种常见方式,它是由美国创意研究人员奥斯本于 1939 年首次提出的。此方法是以座谈会议的形式,引导参与人员针对某个中心议题积极思考,畅所欲言,打破常规,独立发表自己的见解。这种会议形式能够让参与人员的想法都受到重视,从而更好地产生新的观念和创新设想。

头脑风暴法是一种激发集体智慧的方法,教师应引导学生为主动性,发布课程任务后,可以群策群力,发挥群体智慧,让学生乐享于头脑风暴中。学生在头脑风暴的过程中,能够大胆发表自己的观点,激发创作灵感,提高学习积极性,为创新添砖加瓦。

三、5W2H 法

这种方法又称七问分析法,此方法以 5 个 W 和 2 个 H 开头的英语字母对需要解决的问题进行逐一设问,由此找出解决问题的方案和线索,实现设计构思,进而找到新的发明方案,如表 3-1 所示。该方法简便且实用,易于理解和使用,具有很强的启发意义,有助于弥补人们的疏忽,5W2H 法有助于思路的条理化。

表 3-1　5W2H 法问题设问表

5W	What	设计的对象是什么?目的是什么?
	Why	为什么设计?原因是什么?
	When	什么时间进行?什么时间结束?
	Where	从哪些方面入手?
	who	由谁来负责?谁来完成?
2H	How	怎样设计?如何实施?
	How much	做到什么程度?质量水平如何?

四、逆向思维法

逆向思维作为突破常规的一种有效的思维方法,是从事物相反方向考虑问题的思维过程。逆向思维具有很强的相反性和科学性。通过颠覆常规,不仅可以找到新的解决问题的方法,更能为创新设计起到一定的作用,可以得到意想不到的答案,帮助人们高效快速的解决各种实际问题。

逆向思维法在创新中起着至关重要的作用，逆向思维法能够激发学生的思维，有一定的变通性和灵活性，给设计带来创新效能。在教学中，教师引导学生在遇到创新困难时，打破常规固定的思考方式，可以从不同的角度或相对立的方向去思考，或许事物就会发生反转。课堂上，教师可以引导学生进行逆向思维锻炼，多提问学生遇到此类问题我们应该怎么办，寻找此次创新的逆向设计点。锻炼学生多元用脑的能力，寻找创新的办法，打造创新的设计。

五、联想法

联想法是生活中最普遍的一种思维方法，联想法在无处不在，是指由一种事物联想到另一种事物或多种事物的过程。

将已掌握的事物激发自由联想到另一事物的心理过程，或者通过强制联想产生新的想法。常用的联想法主要有自由联想法和强制联想法。自由联想法是建立在个人知识和经验的基础上，并不限制人们思维的联想方式，因此，在心理学研究中会经常用到。强制联想法，又称焦点法，为达到创新的目的，该方法是人们在精力集中时，控制在一定的范围内进行联想，这在设计领域使用频繁。

六、切割重组法

切割重组法是指通过改变（切割、分解）物（群）体构成，然后将分割元素重新组合，借以创造新的事物，从而提高群体创新力的方法。从重组素材的来源分，可分为同系事物切割和异域事物切割。目前企业普遍开展的优化组合、调整产品与产业结构，就其本质而言，就是"切割重组"。一个群体由于知识雷同、思维和组织行为定式会逐渐丧失创新力。若把群体切割重组，则可使群体复原或增强创新力。切割重组是一种提高群体创新力的方法，也是一种生产创新性成果的方法。

七、KJ 法

KJ 法也称为亲和图法，是日本著名学者川喜田二郎教授在 1964 年提出的一种调查和分析的方法。该方法是以卡片排列的方式收集新领域中大量的信息。在错综复杂的环境中，研究者需整理思路，找出它们之间的相互关系，抓住实质，通过整理、比较、分类进行归纳分组，使复杂的问题清晰化，找出解决问题的途径。具体操作流程如图 3-2 所示。

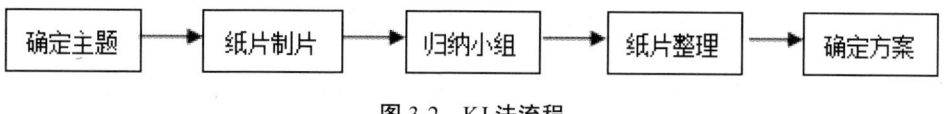

```
确定主题 → 纸片制片 → 归纳小组 → 纸片整理 → 确定方案
```

图 3-2　KJ 法流程

八、想象思维法

想象思维法是指人脑通过形象化的概括作用对脑内已有的记忆表象进行加工、改造或重组的思维活动的方法。想象思维可以说是形象思维的具体化，是人脑借助表象进行加工操作最主要的形式。想象力是否丰富，也就是想象思维的能力是强还是弱，也成为判断一个人创新能力的重要依据。

想象思维具有形象性、概括性、超越性等方面的特征，根据心理学中的方法，可以把想象思维分为以下几种类型：无意想象和有意想象。想象思维有如下几方面的作用。

（一）想象在创新思维中的主干作用

创新思维要产生具有新颖性的结果，但这一结果并不是凭空产生的，要在已有的记忆表象的基础上，加工、改组或改造。表象是人脑认知结构的最基本构件，只要涉及表象的活动，都离不开想象。许多创新性思维形式都是在想象思维的基础上进一步深化和发展起来的。例如，在创新性思维中处于重要地位的发散型思维，实际上也就是发散式的想象思维。发散，是由点向四面八方不受拘束地展开，但也不是漫无边际，模糊不清的想象思维有高度的概括性，从整体上捕捉到一个个完整的面，而不受其他画面的影响。

在创新活动中经常出现的灵感或顿悟，也离不开想象思维。正是由于有了丰富的想象，在某一时刻，捕捉到一个最有价值的画面，进而和创新目标联系起来，才成为灵感。可见，想象思维在创新思维中，起着主干的、基础的作用。

（二）想象思维在人的精神文化生活中的灵魂作用

人的精神文化生活丰富多彩，主要靠的是想象思维。作家、艺术家创作出优秀的作品，需要发挥想象力，读者、观众欣赏作品，也需要借助想象力。如果作者和读者观众的想象过程与结果吻合，产生了共鸣，就达到了理想的艺术效果。

（三）想象思维在发明创新中的主导作用

大哲学家康德说过："想象力是一个创新性的认识功能，它能从真实的自然界中创造一个相似的自然界。"在无数发明创新中，我们都可以看到想象思维的主导作用。发明一件新的产品、设备，一般都要在头脑中想象出新的功能、外形，而这新的功能或外形，都是人的头脑调动已有的记忆表象，加以扩展或改造而来的。

九、形态分析法

形态分析法又称为"形态矩阵法"，是由美国天体物理学家茨维基首次提出的一种创新技法。以系统观念为指导，把研究对象看成是多个设计元素的组合，然后系统的将这些设计元素进行分解，最后将这些分解后的设计元素重新进行排列组合。形态分析法的一般步骤为：①明确问题。②根据目标进行若干分解，并根据特性进行明确定义。③建立多维矩阵模型，所有解决方案都应包含在内。④检查解决方案的可行性，通过比较获取最佳方案。

十、组合创新法

所谓组合法，是指按照一定的技术原理或功能目的，将现有的科学技术原理或方法、现象、物品作适当的组合或重新安排，从而获得具有统一整体功能的新技术、新产品、新形象的创新技法。

创新组合三个要点：由多个特征组合在一起；所有特征都为同一目的共同起作用，它们相互支持、促进及补充；产生一个新的效果，就如系统论中所描述的那样，系统的效果必须大于系统内各元素单独效果之和，亦即达到 1+1＞2 的飞跃。

组合创新技法广泛适用于各个领域，技术的普遍存在给人们提供了无限广阔的组合基础，便于广大群众进行学习与应用，组合的形式可以是近亲结合，也可以是远缘杂交；可以是跨越时空的联姻，如中西合璧、古为今用等，还可以是技术上的组合。组合的方式可以是二元组合、多元组合、附加式组合、辐射式组合、综合性组合等，它们可随不同需要灵活选用。组合发明创新还具有很强的时代性。

第四章 大学生创业机会与创业风险

在"大众创新,万众创业"国家战略和政策支援下,大学生群体不仅是创业的新生力量,也是促进创业事业的主力军。在大学生就业形势日趋严峻的情势下,发现大学生创业机会和识别大学生创业风险,在提高我国社会经济发展的同时也有利于大学生实现人生价值。本章分为大学生创业机会的发现和大学生创业风险的识别两个部分。主要包括大学生创业意愿和创业精神的萌芽、创业机会识别、提升大学生创业机会的策略、创业与风险、大学生创业风险识别和防范等方面。

第一节 大学生创业机会的发现

创业机会不同于创业机遇,其主要是指具有较强吸引力的、较为持久的有利于创业的商业机会,创业者据此可以为客户提供有价值的产品或服务,并同时使创业者自身获益。

一、创业萌芽

(一)大学生创业意愿

1. 创业意愿的概念

较早提出创业意愿概念是伯德(Bird),他认为创业意愿是创业者为了实现某一目的而投入大量的物力、财力与精力的一种精神状态,个体通过灵感激发产生创业意愿,由此生成创业想法,采取一系列实际行动达成特定目标。麦克米伦(MacMillan)将创业意愿定义为创办新企业的意图;高德纳(Gartner)将创业意愿定义为"一个人对拥有自己的生意可能性的判断";阿耶兹(Ajzen)的研究指出,意愿是指人们表现出动机和意愿去执行所期望的行为的程度。意愿也被定义为一种精神状态，引导一个人的注意力朝向一个特定的目标或道路，以实现某件事。如，克鲁格（Krueger）将创业意愿定义为是一种精神状态，它表明了创业动机的行为；艾哈迈德（Ahmed）也提出，创业意愿就是潜在的创业者对于是否执行创业行动的一种主观上的想法。还有学者对创业意愿进行了分类，将创业意愿划分为传统创业意愿、内创业意愿与选择性创业意愿三种类型，传统创业意愿是指创业者产生了建立一家企业的想法；内创业意愿是针对已有企业的内部员工而言，这些员工渴望成为企业的内部创业者，通过创新为企业带来新的商机和绩效；选择性创业意愿是指选择是否继承已有企业并持续经营的意向。

在探究创业意愿形成的过程中，也有一些衍生概念的产生，比如高尔维泽（Gollwitzer）和布兰斯特（Brandstter）首次提出了目标意向与执行意向的概念，目标意向代表了个体为了实现最终目标对于自身的一种承诺，执行意向能够使抽象的目标具体化，将目标与实际执行活动相联系起来，目标意向是实现目标的先决条件，但是不将目标具体化有可能使行动提前终止，而执行意向是促使目标实现的必要条件。在国内，关于创业意愿的定义不同学者也给出了不同的解释，有的学者沿用了国外学者的概念定义，比如贺丹认为创业意愿是指大学生会去自主创业的可能性。也有许多学者对于创业意愿有自己的理解，比如张钢认为潜在创业者可能产生创业行为，这种可能性的大小即反映了创业意向；王扬铭认为创业意愿反映了一种心理活动，它能够在个体进行创业活动时产生促进作用，它是创业行为的原生动力；范巍和王重鸣的观点是，创业意愿反映了潜在创业者在主观上对创业行为的内心活动及态度，在一定程度上也可以反映人的创业能力；张奇和王锦认为，创业意愿就是潜在创业者计划创建新的公司，并且有组织、有目的地进行一系列活动的信念，创业者进行创业活动的过程中，产生创业意向是最重要的一步；黄四枚研究发现，创业意向反映了人遵循自己的心理倾向，做出创业行为的可能性，它是独立的个人心理活动。

总之，尽管国内外的学者们对于创业意愿概念的界定存在一定的差异，但是对于其内在含义的理解基本都一致，即创业意愿来源于潜在创业者在进行创业活动的过程中，它体现为创业者对于自身创业行为的心理态度。

2. 大学生创业意愿的影响因素

（1）人口学变量

①性别。邵晶晶指出农业类高校大学生的性别差异具有显著性；戚珉在对大学生创业意向的调查中发现，男生创业意向得分显著高于女生。

②年龄。西罗科娃（Shirokova）利用 2013～2014 年全球大学创业精神学生调查数据进行调研发现，年龄是影响创业意向转化为创业行为的重要因素；沃和尔（Verheul）在研究注意力缺陷和多动症（ADHD）精神状况对于创业意愿的影响过程中发现，年龄因素对于大学生创业意愿具有重要影响；而多数学者都得出相同的结论，即不同年龄大学生的创业意愿存在显著差异，年龄较大的学生具有更高的创业意愿。

③学历。克兰特（Crantl）的研究发现学历与大学生创业意愿显著相关；魏巍的研究表明学生的学历和经管知识掌握情况对其创业意愿影响显著；方卓研究发现不同学历水平下对创业意愿的个体差异显著，学历更高的人会更积极、更愿意选择创业；菲利普（Philip）也通过对来自 19 个国家的 23304 名大学生创业意愿的调查得出结论，不同学历对于创业意愿具有不同程度影响。

④父母创业经验。很多学者的研究都表明不同家庭创业背景的学生创业意向有差异，相比较没有创业经验的父母，那些有创业经历的父母所培养的孩子更倾向于选择创业。如阿缇娜（Altinay）以英国酒店类学生为研究对象，研究父母的创业经验和心理特征等因素对他们创业意愿的影响，结果表明家庭创业背景是重要的影响因素；吉尔达夫（Geldhof）研究发现父母创业经验对于青年大学生的创业意愿具有重要的指导作用，父母创业经验能够从一定程度上促使大学生选择创业；皮勒罗普洛斯（Piperopoulos）和韦斯特海德（Westhead）的研究表明父母创业经验能够产生角色榜样作用，从而影响大学生创业意愿水平；丁桂凤指出具有创业经验的父母，会对大学生的自身创业愿产生重要影响。

（2）个体差异

①创业态度。阿耶兹认为意愿是态度的前提，是对实际行为的最好预测，对行为持积极态度的个体倾向于有更高的意图，更有可能从事这种行为；奥体托（Autioetal）将创业态度概括为一个人对其行为有良好评价的程度；孙建莉基于计划行为理论，证实了创业态度是创业意愿最有效的预测因子。

②感知行为控制。阿耶兹提出，感知行为控制指个体感知到的实行某特定行为的难度，受到控制信念和知觉强度的影响。愿望感知与可行性感知作为感知行为控制的两个维度，由两位创业领域的研究者沙皮罗与索科尔（Sokol）于 1982 年在创业事件模型中提出，并将愿望感知定义为创业的个人吸引力，可行性感知定义为个体相信自己有能力创立一个公司的程度。计划行为理论模型和创业事件模型都包含了愿望感知和可行性感知两方面。班德拉（Bandura）、科纳（Conner）和克鲁格（Krueger）的研究指出创业意愿在高愿望感知和高可

行性感知下的共同作用下形成，愿望感知和可行性感知对于创业意愿存在着显著正向影响。

③主动性人格。个体不受环境因素的制约，采取行动促使环境发生变化的倾向。具有这种人格的个体具有挑战精神，善于发现和捕捉机会，而不是被动接受现状，他们往往能够果断采取行动将意向和想法变成现实。刘栋的研究不仅证实主动性人格对创业执行意向的显著正向影响，同时引入中间变量，证明主动性人格可以通过感知创业价值对创业意向产生间接影响。

④外倾性。外倾性人格特质是指人们在果断、活力、主动、健谈、热情、支配性方面的程度。孙杨指出外向性人格倾向性得分高的人热情有活力、善于交流并且具备创业中所需要的领导人的特点。他在对中美两国大学生创业意愿的研究中发现，具有外倾性人格特质的学生更倾向于选择创业。

⑤责任心。责任心是指个体的条理、毅力、勤奋、有抱负的程度。范巍和王重鸣、孙杨等研究都表明了大五人格中的责任心特质对创业意向具有显著的正向影响。

⑥乐观。丁桂凤认为乐观是一种积极的人格特质，乐观的人总是对未来充满期望，即使当下一片迷茫，他们也愿意相信后面会有好的结果。她使用乐观主义问卷探讨大学生乐观人格特质对于创业意愿的影响，结论表明乐观对于创业意愿具有正向影响，并能有效地消除创业带来的失败恐惧感。成功的企业家往往都天性乐观，这些特质有助于其产生积极的意识和情绪，对于特定目标的渴望更加使他们强烈地坚信自己的预期和判断，往往更可能实现目标进而创业成功。

⑦创新性。伍德沃德（Woodward）认为个体的内在动机、个性、知识、认知风格、社会背景等因素在创新性特质的培养中起着重要的作用。瑞姆佩特里克（Zampetakis）认为创新性是指开发新颖和有用的想法，个人与环境之间的互动产生创造力。罗（Law）研究发现具有创新性人格特质的个体做事时喜欢用新颖的方式来解决问题。孟源、唐炎钊和靳义君的研究揭示了创新性人格特质与创业意愿存在正相关。

⑧地位追求。梅云认为成就动机作为一个重要的内在特质，是一种内在动力促使个体愿意去追求并完成其认为有意义、有价值的事情，并尽力做到结果完美。李静薇的研究指出地位追求目的较强的大学生强调通过创业活动自身价值追求与实现，往往拥有较高的创业意愿水平。法尔福（Pfeifer）通过研究克罗地亚一所公立大学的商科学生的创业意愿研究，发现地位追求人格特质很好的测量了大学生对于成功创业的渴望程度。

⑨成就需要。在大多数预测创业行为的研究中,成就需要理论为其提供了重要的理论基础。成就需要理论认为企业家可以通过创业获得成就感。成就需要是一种"激励一个人为了获得成功和卓越而面对挑战的单一信念"。斯图尔特(Stewart)认为成就需要是一个人对卓越或在竞争环境中渴望被认为是成功企业家。

⑩同理心。麦尔(Mair)和诺博(Noboa)&认为同理心有一个广泛的定义,即分享和承认他人所经历的相同感受。杰克森(Jackson)认为通过同理心,可以很好地区分社会企业家和传统企业家,同时它也是创业意向的一个重要预测条件。

(3) 创业知识

①创业竞赛。这是风靡全球高校、作为一种活动项目的创业知识,主要目的是推动成果转化。主要模式是借助风险投资,要求参赛者针对某一项市场前景良好的产品或服务策划一份完整的计划书。张英成认为大学生创业竞赛是一种良好的创业实践平台,能够帮助学生体验创业环境,促进其自主创新和创业。石巧君的研究发现创业竞赛对创业意愿具有较为显著的影响。

②创业培训。创业培训是一种培养过程,培养学生识别商业机会,并能够结合自身优势将目标实现。张爱梅的研究认为目前学校创业培训的片面性在于单纯地认为创新创业教育只是针对那些有创业能力和创业意愿的大学生,应强调的是创业培训并非为某一部分人特意打造,也不是为了培养企业的成功人士,而重点在于培养学生的创业意识和创新精神。

③创业学习。创业学习就是学习和储存有关创业知识,并将所学知识内化成专业知识,并积极利用的一个过程。库珀(Cope)认为大学生在创业学习的过程中会观察榜样的行为从而审视自身的行为和观念,这一过程更容易使其发现创业机会,提高创业意愿。李厚锐也认为创业学习是在观察别人的基础上不断积累经验,增加自身创业知识,这些都有助于创业意愿的产生。此外,他还认为创业学习包括经验学习,认知学习和实践学习,这也进一步说明创业学习是多方面的学习,不仅仅需要学习知识与他人的创业经验,还应该适当加入实践性的创业学习,增强创业体验。

④高校创业理论课程。创业教育是一种通过讲授与创业相关的课程、举办与创业相关的活动来促使学生产生自主创业想法和积极创业精神的一种教育行为。Zhaoetal通过对265名工商管理专业的硕士研究生的调查研究后发现,高校创业理论课程对大学生创业意向有显著的正向影响。陈丹和石巧君的研究也得出了高校创业理论课程对大学生创业意向具有显著影响的结论。

⑤高校创业实践活动。相比高校创业理论课程，高校创业实践活动则是侧重课堂部分的延伸，一般会以社团的形式开展，重点在于鼓励学生投身创业相关的社会活动中去。目前主要从学校创新项目的数量、创业相关讲座、校企合作以及实习机会等方面考察。孙蕾指出如果学校能通过协会或社团为学生提供就业与创业指导，那么学生更愿意自主创业，学生从课堂获取的理论转化为创业实践体验，能增强对未来创业的自信心。

（4）创业环境

政府的创业政策能够为创业者提供各种渠道，降低准入门槛的同时提高创业教育的水平；学生可以充分利用大学这一资源地，了解那些有发展性的企业或投身创业行为。社会网络定义为存在于创业者周围的可为创业者提供创业资源、商业信息等创业活动所需的社会结构。个人的社会网络可被视为创业成功的重要因素，他认为个体所在的社会关系结构和性质与个人行为密切相关。社会网络规模可用于测量节点跨组织、跨单位或者网络边界的普遍程度，如果某个创业者与那些拥有核心资源的人有着较为密切的关系时，则该创业者更有可能创业成功。程恩富认为，个体社会网络发达能够帮助创业者快速获取创业信息和资源。李正卫基于大学生微信数据量化社会网络特征视角，研究发现大学生的社会网络规模对创业意愿有重要影响。田晓红认为主观规范与个人行为密切相关，是个人所感受到的情感上的支持，显然，那些主观规范强，即收到他人支持越多的人更倾向于选择创业。对于感知社会规范，根据Krueger的观点，由于国家文化存在差异，社会规范只适用于某些具有创业传统的国家。但事实是，无论在哪个国家，企业家作为社会和集体的一员，会潜移默化受到群体价值规范的影响。克鲁格（Krueger）和诺伊斯（Norris）& 研究指出分析感知社会规范时，应该注意选择那些与个人关系密切或对个人有重要影响的群体或个人，因为个人很容易受到周围人的影响，如果他的家人或朋友创业成功，他会有更高的创业意愿，尤其在中国这一集权主义和高权力距离特质的文化背景下，家庭和社会的规范压力会对个体的创业意愿和行为产生更大的影响。郑馨指出社会规范对创业活动具有显著促进作用，社会规范对创业的影响甚至超过一些正式制度因素。

（二）大学生创业精神

创业精神并非天生的，不局限于任何一个群体，是可以通过学习和培养来养成的。因此，大学所传授的内容必须有具体的针对性以及多样性，灵活地因地制宜、因材施教。

1. 大学生创业精神目标

（1）创业意识和创新思维

创业意识是一种个性心理倾向，在创业实践中具有推动作用。只有激发大学生的创业意识，才能让他们有创业的想法，才能使他们的创业活动充满朝气和活力。培育过程中可采用榜样法、实践法、比较法等多种教学方法，这些科学有效的方法能激发大学生的创业意识，特别是榜样法，成功者的人生经历以及他们对社会的责任感都易于影响到大学生，激励他们要积极乐观地面对生活，要具有强大的心理素质，对创业活动抱有坚定的信念。

创新思维是用非常规的方法和观点来看待问题，并可以提出不同的解决办法，培育创新思维是大学生在学习生活中不断进步、发展的保障。高校教育者担负着培育人才的重任，在实际教学中，应为创新思维的培育呈现一个开放的氛围，体验创新思维形成的过程，提升学生的创新思维。

（2）创业人格和创业规范意识

在人格品质中，社会责任感、坚忍不拔的毅力、诚实守信、积极乐观等人格品质与事业成败息息相关。其中，意志力是否坚强与一个人的抗压能力有着密切联系，它往往在人们的意志行动中表现出来，尤其是在克服困难的活动中表现出来。在培育大学生的创业精神过程中，应结合"三观"教育来进行，提升大学生创业的高尚品质及职业素养，让大学生在面临创新创业活动困难时，能够具备规避风险的心理能力，保持积极乐观的心态。同时，加强对大学生进行挫折教育，让他们具备较好的心理承受能力和解决问题的能力，在失败中不断成长，走向成功。

创业规范意识会对社会的秩序和风气有一定的影响，也关系到大学生的发展前途，所以使大学生与社会职业道德产生共鸣是十分必要的，通过引导大学生遵守社会规范和道德准则来鞭策自己的所作所为。因此，我们可以采取榜样鼓舞效应，潜移默化地激发大学生对职业道德的了解和认同。例如，举办相关专题讲座可以提高大学生对道德规范的全面认识，当职业道德规范深入人心时，就会自然而然地将其转化为实际行动；或者组织学生观看道德与规范的影片、视频，通过讨论或写作加深学生对相关精神的理解；还可以利用现有课堂和师资队伍，以案例叙述等方法提高大学生的法律意识。对于每一位大学生来说，无论未来从事何种职业都离不开法律，用法律来规范自身行为，用法律来保障自身合法权益。

（3）创业能力和创业素质

从某种意义上讲，创业能力是创业精神的体现，具有较强的综合性和创造性，可依靠努力地学习与锻炼来获得。培育大学生的创业精神，使他们在掌握基本创业技能的同时，具有一定的社会实践能力。因此，高校在进行创业精神培育的过程中，要提高学生的组织协调能力，增强学生的社会实践能力，提高他们的环境适应能力。

创业素质包括心理素质、能力素质以及身体素质。创业者应当具备良好的身体素质，否则无法承受创业和经营的艰辛。

2. 大学生创业精神的软环境培育

软环境是指政策、文化、制度、法律、思想观念等外部因素和条件的总和，有必要营造一种自由开放、积极进取的创业氛围，鼓舞大学生对创业充满热情，减轻他们的思想负担。

（1）高校营造创业氛围

大学生创业精神培育如同种子的发芽生长需要土壤、阳光、空气、水等外界条件一样，需要良好的创业氛围去引导与支撑。相较于复杂的社会环境，校园中的创业更具有教育指引性，能直接影响大学生的精神发展方向，所以有必要在校园设施及活动中融入创业精神的相关元素。

第一，积极发挥大学校园实体优势。学校应组织创业讲座、创业知识培训以及开展创业见习活动等；开展创业政策咨询，运用现有校园基础设施（宣传栏、校报、校园广播等传统媒体平台）；灵活运用微信公众号、微博等热门社交平台来宣传学生制作的创新创业内容，诠释创业精神的无穷魅力。

第二，营造创新进取、勇于竞争的氛围。指导和组织大学生开展校园创业活动，如创新创业大赛、征文比赛、知识竞赛、辩论会等活动，经过公平公正的竞争来评比，激发学生的积极性，并将杰出的比赛成果放在学校广场等位置比较明显的地方，给学生以视觉上的刺激。除此之外，可以组织学生观看创业主题的宣传影片，引导学生自己组织开展大学生创业活动的文艺表演等，用各种趣味的形式将创业精神渗透到学生之中。

（2）政府完善创业政策

政府作为大学生创业的坚实后盾，对于培育大学生创业精神，是必不可少的。只有贯彻落实已有政策，再制定更具针对性和可操作性的创业政策，还应加强对高校创业活动的支持力度，保证其能够顺利开展大学生创业精神的培育活动。

一是贯彻落实国家的创新创业政策。要对现行的大学生创业政策进行梳理，对已颁布的一般政策和具体政策进行系统审查，检视上下政策之间冲突的内容并加以修正，以确保法律权威和系统一致的政策。政府应在政策实施的全过程中开展研究，找出政策实施过程中发现的问题和障碍，然后完善相应的政策，为高校提供最可靠的国家保障，从而促进大学生创业精神的培育。此外，政府部门应充分利用自身在获取、组织和管理信息资源方面的优势，整合大学生创业相关信息资源，实现信息资源共享。

二是制定更具针对性和可操作性的创业政策。地方政府在顺应国务院制定的创业政策前提下，为了更好更有效地支持大学生创业精神培育，需要结合各个高校的实际情况来制定针对性的激励措施。除此之外，在充分认识到大学生自主创业的实际需要后，应大力强化对创业投资、创业服务、创业培训等方面的支持力度。并且不应当一概而论地对大学生试用农民工、下岗职工等群体的创业政策，大学生作为特殊群体，其创业政策应更有针对性和可行性，大学生创业政策的实施应由专门部门进行监督，以保证具有可操作性的政策得到落实。

三是增强对高校创业精神培育的支持力度。首先，政府应加大财政方面的支持力度，重视建设高校专业师资队伍，确保高水平教师在高校创业人才培养中所占比例，增强师资队伍的整体水平和综合实力。加强创业人才培养基础设施建设，为大学生创业实践活动提供基地，帮助大学生孵化成果。其次，政府也应加大对高校创业精神培育的政策支持力度，如大学生对市场信息的获取、工商税务的登记、项目的申报等。为此，政府应充分考虑大学生群体特征，明晰各个部门的责任，创造有利于培育大学生创业精神的政策服务环境。

（3）企业改进培养模式

在大学生实战能力的培养上，需要企业的支持。教育和改革的方向是打造相对开放、自由竞争的创业经济环境，有利于打破行业垄断，实现公平竞争，有助于激励大学生积极开展创业创新活动，继承和发扬创业精神。对于"是否愿意参与大学生创新创业培育"这个问题上，大部分的企业明确表达了参与的意愿，希望为高校创业精神培育工作起到推动作用。在实施形式上，可开展与创业校友、创业者零距离接触的讲座、沙龙等活动，通过创业者分享创业、工作案例、生活感悟等内容，激发大学生对职场的探索欲望和创业精神。同时，学校也可与企业合作，设立创业基金，聘请企业家担任创业导师，建立大学生创业实践基地，促进创业成果转化。高校学生在创业过程中获得实践经验，与创业者深入交流，有利于培养他们的环境分析和机遇识别意识，创业规范和团队精神，以及持续创新的战略思维。

（4）社会支持创业服务

积极的社会创业环境需要社会各方面的支持和鼓励，应从以下三个方面加以改进。

第一，社会导向正确的价值观。社会导向是价值取向的风向标，是形成社会文化的重要基础，是发挥社会文化导向作用的有效途径。对大学生进行正确的创业指导，避免出现好逸恶劳、不守诚信等不良的社会风气，在价值取向上坚持创造社会财富、发展事业、实现个人发展的奋斗目标，培育其创业精神，引导大学生创业文化的形成。

第二，社会营造积极的创业氛围。当前，我国应树立大胆创业、积极创新的新风尚，大力倡导创业精神，形成鼓励创新、敢于尝试、宽容失败的社会文化。例如，一系列"创业文化周"活动可以在城市文化广场举行，通过宣传使群众深刻地认识创业的价值，特别是对大学生的创业具有重要意义；同时，市民也能展示自己的小发明和新创作，让他们在轻松愉快的气氛中，对创新和创业有正确的认识。

第三，社会机制的改革和完善。一是建立创业资源共享平台，实现大学生创业活动中的资金、信息等资源的有机统一，进行共享，以便大学生做出创业选择；二是建立法律服务中心，为大学生创业提供相关的法律咨询以及帮助他们合法维护自己的权益；三是利用网络、电视、社交软件等平台发布大学生创业的最新动态；四是积极塑造典型创业群体，通过先进的政府宣传手段和舆论传播手段，使政府认可的企业家能够发挥创业的光彩效应，不断激励大学生去创业，形成与社会创业文化的相互促进；五是政府号召企业为大学生创业提供便利条件，提供假期实训实习机会，使大学生能够快速积累社会经验，熟悉创业技能，增强创业能力素质。

3. 大学生创业精神的硬实力提升

目前在大学生创业精神培育中，针对高校与师资队伍存在的问题，应分别在培育主体、培育内容、培育途径三方面进行加强。

（1）提升创业精神培育主体能力

创业精神培育重要主体之一是教师，教师作为传授者，可以传授学生获得创业知识技能，更为重要的是培育他们的创业精神。

第一，必须具备较高的专业知识水平。在当今的信息时代，创业信息、科技发展趋势、知识经济的前沿问题等都要求教师具有新的认识，这就要求教师必须具备丰富的知识，具有强大的吸收、整理、应用能力，保持与时俱进的思维和行动，使教育教学内容鲜活，为学生创业增添助益。

第二，必须具备较高的思想政治素养和心理素质。首先，教师应有较高的思想政治素养，教师是直接培育大学生创业精神的主体，与学生的接触是长期密切的，它要求教师在培育大学生创业精神的过程中，要树立良好的榜样，以身作则，引导学生，培育他们的创业精神。其次，要有积极稳定的心理素质，坚忍不拔的意志品质，不只注重学生的学习，更要注重培育学生的人生观、价值观和世界观，发掘学生的潜能和优势，因材施教。

第三，必须具备一定的创业实践经验。创业不能仅存在于理论之中，而应是踏实地实践。教师要有一定的创业经验，了解其运行规律和过程，有切身地体会，才能对大学生起到实际的指导作用，这就对教师提出了更严格的要求，因此也使得众多高校越发缺乏创业精神培育师资。由于建设师资队伍并不是短期就能达到的目标，对现有教师的教育和培训至关重要，同时还要不断补充优秀人才。对于当前高校创业型教师队伍缺失的现状，高校与政府还应共同构建"国家-地方-高校"三级师资培养体系。培训创业培育教师有助于提高其整体素质，可以在全国范围内选择具有创业教育师资、具备创业教育师资培训能力的高校，建立国家级培训基地，各个地方也可以设立省市级培训基地。聘用行业、企业导师到高校指导大学生创业实践固然重要，但高校也必须为教师到企业创业创造条件，学校可以利用校内和社会的各种资源，结合自身的性质和企业的行业特点，积极利用国家的有关政策，在政府的统筹指导下，主动与企业行业对接，挑选符合的企业作为师资培训基地。

（2）丰富创业精神培育内容

要想真正培育大学生创业精神，就必须丰富其内容，高校应从教材、课程和实践三个方面进行优化。

第一，优选创业精神培育教材。参考国外优秀创业教育教材，结合国内各学科的专业特点，聘请创业领域的专家、学者编制适合我国国情的大学生创业培训教材，使其具有实用性和针对性。创业精神培育教材和创业培训教材在编写过程中，应突出传授创业技能与培育创业精神相结合的理念，不可偏废，做到二者互为补充、互相促进。同时，在编写过程中尽量增加一些案例或图片，提高学生的兴趣。在此基础上，将创业活动中各个环节的理论知识加以阐述，并将"创业理想""创业意识""探索冒险精神""坚强的意志"等创业精神贯穿其中。

第二，建立完善的创业精神培育课程体系。我国高校设立的创业精神培育课程需要深入改革，先从已有课程中找出有助于创业精神培育的因素，将零散的、碎片化的、甚至没有体现创新创业精神的课程，形成科学、严谨、丰富的课程体系,并保证各模块之间的课程具有相互衔接性,体现系统性与科学性。

首先是借鉴发达国家的课程体系。高校可以借鉴西方发达国家已有的经验,汲取如美国、英国等国家先进大学在设置创业教育课程时的灵感,在基础知识、专业知识、技术升级、实践操作等不同层次上,开设类型各异、相互联系紧密的创业课程。对此,我们应根据我国的国情,逐步改善目前创业精神培育课程体系松散的现状,建立完整的课程模块,甚至可以考虑在未来开设创业相关的学科或专业,以满足我国社会主义建设事业对高层次创业人才的发展需要。

然后是融合创业精神培育与相关课程。各个高校在创业精神的培育和相关学科的教育、教学、科研工作中,都应做到有效结合和适当加强,实现创业精神培育与其他相关学科或专业的有机融合。每一位大学生都应该接受创业精神培育的普及性课程,在此基础上进一步加强专业化的创业精神培育。创业精神培育除了集中在《创业企业的组织与团队》《创业理论》这类课程之外,也可以在其他专业课程当中,例如,思想政治类的法律、"三观教育"课程;经济管理类的金融、财务等课程;法律专业中的商法、经济法等课程;理工科专业中的转化成果课程等,使大学生在整个大学期间都能沉浸在各种课程中,体验到创业精神培育的良好氛围,并不局限于接受专业创业课程中创业精神的培育,从而让学生在潜移默化中树立创业意识,激发创业热情,发掘创业精神。高校将通过交叉立体的课程体系,不断加深大学生对创业的认识和理解,把他们培育成能力与素质兼备的综合性人才,夯实他们未来创业的基础。

第三,充分利用校内优势开设实训课程。学校应积极利用"创业园""孵化园"等实训基地,建立多元化创业实训平台。实践教学是培育大学生创业能力和创业精神的重要环节,能够引导学生从理论走向实践,增强学生自信心,强化学生的创新思维,从而培育学生的创业精神。在教学过程中,可以引入开放互动的创新教学模式,激发学习者的热情,培养他们积极思考的能力,使他们掌握自主创业的能力。在此基础上,通过创业理论知识的传授,使学生对创业的基础知识有个系统地掌握,还应根据各专业的特点分门别类地建立具有实践意义的创业基地,打造"创业实验室",提高专业实践和营销能力,打破传统的课堂教学模式,这不仅为大学生提供了实践的基地,还加深了他们对产品研发、企业经营的了解。

另外,无论是理论课程还是实践课程,都有必要对其进行考核,将创业过程和成果纳入学分体系,使"立项""进度考核""结项"规范化,深化创业精神培育的影响。尽可能采用综合化的评价方式,如写课程学习心得、不定时开展集体研讨、写报告、小组起草创业计划书等,这种考评方式不仅能使学生深刻掌握创业相关知识，更能将理论迅速运用，达到学以致用的效果。同时，学校应整合学生、教师、管理层等相关主体的评价，促进各方的积极参与，确保评价主体的多元化，使得评价结果更加地全面和公平。高校还必须建立科学的评价机制，使得大学生创业精神培育的目的得到机制保障，如大学可以制定创业精神培育的考核制度，且评价成效指标并不是单一的，可以从过程、理论和实践三个方面进行考核，以此作为对学生、教师和相关管理人员考核的一个重要依据。

（3）拓宽创业精神培育途径

培育途径是高校全方位的培育体系中非常重要的一部分，我们应该充分利用高校创业精神培育现有的途径，在其发展的基础上，进一步完善并开拓更加丰富有效地培育途径。

①充分发挥课堂的作用。深入剖析创业精神培育的基本内涵，培育大学生创业精神的重要前提是要把握好理论知识，将其与思想政治教育课程结合起来。同时，不同的大学要根据自己的特点和实际情况，突出自己的特色与优势，科学地增设与创业精神培育相关的课程时数，采取开放式的学习方法和教学方法，使学生能够根据自己的兴趣和实际发展需要，选修课程，弥补自身的不足，不断提高专业能力和创业精神。创业精神培育要提倡理论联系实际，注重培育学生的创业精神和创业能力，在教学过程中应加强互动交流，在教授创业的基本理论的同时，应言传身教，灵活运用教学方法，将教学内容与创业实践相结合。

②主动运用社会媒体的网络性和广泛性。对于有创业想法的学生们来说，更直接有效的接触形式是校园中的教学课堂和专题讲座，但不仅仅停留在这两种形式上，它受到时间和空间的限制。如今各大网络平台上构建了形式多样的线上教学课堂，提供了新的大学生创业精神的培育载体，充分利用这一平台形成了线上、线下同时学习的模式，使大学生无论是放假在家还是在学校上课，都能利用网络课堂学习。社交网络中创业信息多种多样，以网络作为媒介与多个人进行交流沟通，这是把握创业途径的重要手段，在潜移默化中促进创业精神的培育。具体来说，可以从两方面着手：第一，是将网络平台作为媒介，以培育创业精神为主体创建线上课程，例如中国人民大学联合上海交通大学就创业发展开设了"慕课"在线学习平台；第二，是通过微信公众平台、微博等热门网络平台加大宣传培育创业精神带来的积极意义，联合"双创动态"和"创业分享"的发布平台，只要有了创业的相关政策和新闻，便可适时地推出让学生们去学习。自媒体平台属于交互式平台，应该充分利用其优势，通过网络大力宣扬创业培育的积极意义，除此之外还可以及时收到有关问题的反馈，不断

地完善创业精神培育工作。

③注重发挥学生组织机构的作用。培育大学生的创业精神还应重视学生宿舍、班级、社团等方面的支持,开展与创业相关的活动,比如围绕"责任担当""主动学习"等主题开展创业实践活动,通过实践深化大学生创业精神培育的效果。国内外有众多的大学,每个学校都无一例外地建立专属于学生的组织,帮助提高学生的社会沟通能力,培养相关能力,结识新朋友,学会交际等。倡导大学生自主开展创新创业活动,这不仅仅补充了学校创新创业教育中存在的不足,还深刻地体现了学生的自主管理、自主规划、自主组织。在自主活动的开展过程中,除了培养学生自身的组织规划能力外,还能加深对创新创业的理解,加强创新创业精神。大学生社团属于自治的组织,它不仅对大学生综合素质的提升具有重要推动作用,专业的创业协会对于大学生创业精神的培育同样具有促进作用。创业俱乐部和创业协会的创立和实际运作中扮演着非常重要的角色,主要有以下方面:第一是建立创业协会,只要遵循政策和学校规定,其主旨对学生发展有益,学校就会大力支持和帮助;第二是在保障方面,学校会提供一定的运营经费以及可供活动的场所,使学生能够轻松地投身于社区建设;第三是在组织管理方面,学校尽可能把管理学生的权利交给组织,变管理为引导,让其有充分的自主权,发挥自主育人的功能。

二、创业机会识别

(一)创业机会识别的概念

在整个创业研究中创业机会是至关重要的,但是有关创业机会的相关概念却没有进行统一,所以不同的学者对此也有不同的理解。

创业识别是整个创业活动的第一步,所以对于机会识别而言,要在创业行为的过程中首先完成机会识别,其是创业成功的根本所在。对于不同学者而言,不同角度对于创业机会的理解也是不尽相同的。

一些学者认为创业机会是一种感知,其中一些重要理论,例如创业机遇就是在企业经营的过程中,对企业一定要做的事情进行总体感知,这样反映出企业的一种重要感知过程,但是对于学者提曼斯(Timmons)而言,其对创业机会进行了更深的研究以及理解,其不仅对新的业务能力进行强调,还提及了企业创新的可能性。

学者丘吉尔(Churchill)认为利润的总体确定是同意机会的成果,所以机会的利用不仅是机会识别的基础,还是机会识别完好利用的结果,相关产品的转化，使得识别机会可以进行开发及利用。2007年学者提曼斯认为机会识别的创新对于整个企业市场而言，会产生较为积极的作用，而学者希尔思（Hills）以及伦普金（Lumpkin）认为机会识别不仅可以为企业创新打下基础，还可以对其未来的发展趋势进行影响，除此之外，某些学者认为，对于机会感知而言，其还具有较强的盈利性，而感知机会还充满着企业的未来操作性，例如有学者曾经在1998年提出创业者在整个创业过程中会有很多次机会，产生很多机遇，以此确定创业是否可以成功。机会的识别不仅要在不断变化的外在环境中进行实现，还要在不断变化的商机中进行识别，所以创业者要拥有更加强力的识别能力。

某些学者认为创业机会不仅意味着机会还是一种过程。例如，希尔思在2008年提出的机会识别的过程，主要为三个过程，分别为，消费者并没有被满足，需求与资源具有相关的匹配度，相关资源的调配进行业务开发。学术界对于其设定有着不同的角度，但是其感知视角都要对感知过程进行总体性的分析。

总之创业机会识别具有很强的客观性，创业者的机会识别是当事人主动搜索外界信息的主要过程，在此过程中，创业者需要应用自我寻找机会的能力对外界信息进行相关的搜集。

（二）创业机会识别的相关研究

目前越来越多的人开始进行自主创业，所以学者对于创业机会的研究文献也越来越多，对于创业机会的不断增加，不同的学者有不同的看法。在对现有的论文进行整理后，以往学者研究的重点都在于创业者个人。下面对研究的方面进行分析。

1. 创业者的个人特质

大部分的学者都认为创业者个人特质是创业者抓住创业机会的关键因素。个人特质主要包括个人的自我感知能力，对于风险的敏锐性，对于企业前景的分析性等。创业者的决策直接影响到创业初期公司的未来发展，创业者具有的个人特质是影响企业命运关键因素。有学者则认为在创业的过程中，创业者会对市场信息进行大量的搜集与整理，这就使得创业者对市场具有一定的敏锐性。这个敏锐性就会让创业者抓住潜在的机会。有学者认为创业者在创业初期所具有的警觉性，不仅可以使得创业者能够对市场信息进行不断的收集，还能够使得创业者感知到更多的创业机会。还有学者则直接利用机会评价体系，对创业者的风险感知能力进行分析，从而得出创业者对于风险的感知能力，不仅能够使得创业者规避许多风险，也能够提升创业者的自我认知能力以及创业者的自信，从而使创业者抓住更多创业机会。

2. 创业者的已有知识和学习

创业者对创业机会的识别，不仅仅是出于对市场的敏感度，创业者还会根据自身的经验和所学的知识对现存的机会进行思考以及判断该机会是否需要抓住。创业者对创业机会的思考以及评判，主要取决于所拥有的先验知识以及创业学习和外部知识等。谢帕德（Shepherd）的研究结果表明，由于每个创业者的先验知识以及社会经历不同，所以他们看待问题，以及处理市场信息的方式都存在差异性。这种差异性就使个体创业者对机会进行分析的时候出现偏差，从而影响创业者对于机会价值的认知。

李金斯坦（Lichtenstein）学者认为，组织学习对于企业以及个人的认知能力都会有所提升。除此之外，也能够使得管理者对于企业的内部信息的认识更加完全，从而对企业未来的发展方向以及战略的制定都有所帮助。更重要的一点是，还可以帮助管理者分析竞争对手的信息，这样对于创业机会的识别更有益处。对于影响创业机会识别的因素，孙永波和丁沂昕学者进行了专门的整理与研究。他们均认为，创业者对于机会的认知以及创业者所拥有的知识经验都会对创业机会的识别产生影响。除此之外，不同阶段的企业对于机会识别的影响因素是不同的。在创业初期的时候，个人认知是主要因素，但是随着企业的发展，企业的特质就会成为影响创业机会识别的主要因素。

3. 网络结构和内嵌关系

辛格（Singh）通过具体的调查得出，创业者认知的社会网络范围，也会影响创业者对市场机会的感知产生，沃兹格（Ozgen）在此基础上提出了社会网络也会影响创业者对于机会的识别，这主要取决于如果创业者能够在复杂的社会网络中辨别出真实的信息，那么在对于机会的识别中，创业者也能更快的抓住机会。有学者从家族因素考虑，认为企业家的家族关系尤其是涉及社会资本的家族，会对创业机会的识别产生深远的影响。

4. 环境因素

大多学者都认为是市场环境造就了创业机会。但是有些学者则有不同的看法。他们认为创业者在创业初期对机会进行判断的时候，不仅取决于自身的个人特性还有外在因素的影响。创业者要对企业有充分的了解，才能快速抓住市场环境中的就业机会。机会的识别会随着市场环境以及市场信息的变化而发生变化。

三、大学生创业率提升策略

从高校创新创业教育改革、大学生创业能力的自我开发、政府创业支援政策等三个方面分析关于提升大学生创业机会。

正如《2019～2020全球创业观察报告》中所体现的在2019中国创业背景指数12个指标中，"学校的创业教育"是我国创业生态系统中最薄弱的环节。通过本研究发现，高校的创业教有对大学生的创业能力和意愿的提升发挥着重要作用。我国高校虽已开设了较为系统的创新创业教育课程，但收效甚微。

（一）完善高校的创业教育

伴随着社会经济的不断发展，我国要着力建设成为创新型国家，各地各高校逐渐重视对于大学生的创业教育，由于创业教育在我国发展从探索的阶段开始慢慢转向细化多元的阶段，因此，各高校更应该肩负起全面推进素质教育，培育出高素质的创新创业人才，进而推动我国的经济转型快速发展。

①各高校应该在制定大学生的人才培养方案时，应该不断的完善创业课程体系，能够将创业课程和人才方案高度的融合，将创业教育贯穿于各高校进行人才培养的整个过程。在大学生入学后进行讲授一些职业生涯规划的课程，让大学生对于自己以后的职业有所了解，同时也可以开设创业理论课程，使大学生能够更加系统化、全面化的了解整个创业活动所必备的知识，通过讲授一些人力资源管理、管理学、组织行为学等相关课程，来储备一些创业者应具备的品质及知识。

此外，学校应该经常以讲座的形式举办创业交流会，并邀请创业成功的校友及知名的企业家分享其经验，同时为大学生们解答其在创业课程学习的过程中存在的疑惑，可以更好地激发其创业的意向。学校也应该为不同专业的学生开设与其相符合的创业课程，做到专业化和特色化，进而更加方便其今后的创业。学校也将网上的优质创业课程资源与校内的创业课程资源相整合，能够更加快捷便利的提供给大学生，也能够促使其产生创业的念头。

②各高校应该注重培养教师的理论水平和综合素质，这样可以更好的保持创业教育的质量，最终将创业活动落到实处。各高校应该扩大创新创业教师规模，有足够多的具有专业知识的教师去指导大学生的进行沙盘模拟。

此外，高校应该组织教师去到企业进行实践锻炼，能够提高教师的教学水平。学校应该引进一些优秀的青年企业家作为兼职教师来为大学生们讲授课程，能够很好地与大学生进行沟通，也可以为大学生们树立榜样，从而激发大学生的创业意向。

③各高校也应该为大学生搭建创客空间及创业孵化园。大学生通过接受创业课程教育和参加过创业实践教育而储备的理论知识和实践技能落实到实际的创业活动中，为大学生提供全方位的支持。同时各高校也可以通过与企业进行合作为大学生提供创业的条件。此外，学校举办一些创业活动，能够促使大学生更好地去了解创业，从而解除大学生对创业的不确定性的担忧，进而提高其的创业激情。

（二）提升大学生创新创业的素质

大学生创新创业素质是显性素质与隐性素质的综合，是工具性素质与人格性素质的结合体。因此，创新创业素质的培养是一项系统工程，也是一项长期工程，绝非一日之功。大学生创新创业素质的养成需要社会、学校以及个人的共同努力，也需要理念、机制、资源等方面的联动与支持。在社会层面，政府应该有明确的创新创业政策及导向，并有相应的支持体系，社会应当鼓励创新与创业，形成浓厚的创新创业文化氛围；在学校层面，应当树立正确的创新创业教育理念，优化创新创业人才的培养模式，并营造浓厚的创新创业校园氛围；在个人层面，应该在日常的学习生活中培养自己的创新精神与开拓精神，勇于尝试，大胆实践，提高自己的创新与创业能力。结合大学生群体的实际情况，对于培养创新创业素质提出以下建议。

1. 转变培养理念

理念是行动的先导，大学生创新创业素质的培养首先有赖于教育观念的转变。

（1）转变传统的教育理念

我国的大学教育历来重视学生知识的传授，注重培养研究型和应用型人才，这是我国高等教育的优势所在。但这种教育观念的存在，也在一定程度上造成了重知识传授轻实践锻炼的倾向，使得我国大学教育在对学生创造力、创新创业精神的培养方面较为薄弱，缺乏对学生个性发展的引导和自我潜能的挖掘，一定程度上导致了人才培养与社会需求的脱节，无法满足经济社会快速发展的需要；从大学生毕业的去向来看，更多集中在就业、考研、考公务员、出国等方面，主动的自主性创业相对较少。

因此，对于传统教育而言，必须转变观念，不仅重视知识的传授，也要重视学生其他方面的自由全面发展，着力于创新创业精神与能力方面，提高学生的自我驱动力、独立自主能力和实践能力。加强个性化教育，使学生能够充分发挥自身特点，实现自我价值。

第四章　大学生创业机会与创业风险

（2）转变创新创业教育的理念

创新创业教育有利于大学生知识、素质、能力的全面提升，有利于促进大学生成长成才，满足了国家与社会发展对人才的要求，也符合高校教育改革和人才培养的目标。要树立正确的创新创业教育理念，把落脚点真正放在提高学生以创新创业能力为核心的综合素质上来。

2. 加快教学改革

根据社会经济发展对多样化、多层次的创新创业人才的需要，应探索建立多元的人才培养模式，将共性培养与个性培养相结合。课堂教学是大学生创新创业素质培养的重要载体，要与时俱进，持续推动教学改革，充分发挥课堂教学在素质培养中的重要作用。教学改革是一项系统工程，要不断革新教学内容、改进教学方式、丰富教学手段，以破除一切阻碍大学生创新创业素质养成的因素，在教学层面为素质的培养提供支撑。创新创业活动具有突破性、创造性等特点，因此在教学内容上要突出前沿性和新颖性，将最新的知识传递给学生，使其能够掌握学科领域的最新动态，把握经济社会发展的最新趋势，为创新创业活动提供方向；在教学方式上，实施启发性、研究性的教学模式，注重发挥学生的主体作用，注重启迪学生的奇思妙想，注重培养学生的批判性思维，注重发挥学生的主体性。将原来由教师主导的教学传授性方式，转变为学生主动学习思考的探究式学习方式，鼓励学生主动思考，敢于质疑。在教学手段方面则要充分利用现代教育技术，创设融思想、知识、趣味、审美观于一体的情景交融的学习环境，激发学生的学习兴趣，调动学生积极参与教学活动的积极性。同时还要注重理论教学与实践教学相结合，强化实践教学环节，注重培养学生的实践动手能力、分析和解决实际问题的能力。第一课堂与第二课堂相结合，充分发挥第二课堂的作用。第二课堂是课堂教学的重要补充，也是大学生将理论转化为实践的重要途径。学生在参与第二课堂的过程中可以相互交流沟通，不同学科背景的人一起进行跨界思维，激发创新灵感；同时在第二课堂与人交流沟通的过程中，大学生可以学会处理各种关系，应对各种复杂局面，提高了团队合作能力和应变能力。第二课堂内容往往与社会实践相联系，具有前沿性和及时性，这样有助于学校教育与社会接轨，提高学生社会化程度，更好地融入社会。这种作用是无形的，可以潜移默化地影响学生，激发学生的探索欲和求知欲，将创新创业的思维和素质内化，促使他们更积极地参与实践，从而提高学生的综合创新创业能力。

3. 弘扬创业精神

大学生创新创业素质的培养离不开文化的熏陶。在一个创新创业氛围浓厚的社会中，创新创业活动会受到鼓励与支持，创新精神与创业精神会被人们所推崇。创新创业不是少部分人的行为活动，而是作为一种普遍的社会现象和思想观念深入人心。在这样的文化氛围下，政府会投入更多的资源对创新创业活动进行扶持，鼓励全民参与；高校会更加积极地开展创新创业教育，以满足社会需求；而大学生的创新创业活动会变得活跃，自觉投身于创新创业实践，大量的创新创业人才将会涌现出来。

因此，在全社会进行创新创业宣传和文化建设，营造开放、进取、自由的创新创业氛围，对于大学生创新创业素质的培养也是很有必要的。创新创业氛围的营造是一个长期的过程，需要多方共同努力，持续推进。在国家层面，我国已经出台了一系列的政策法规支持和鼓励大学生创新创业，在全社会也进行了广泛的宣传与传播，但距离创新创业文化氛围的形成仍有很长的路要走。在宣传的方式上，可以利用各种传播媒介，如电视、网络、新媒体等宣传创新创业的故事与典型，宣传相关的政策与举措。积极传播正面信息，鼓励大胆创新，对失败持容许和宽容的态度，解除创新创业的后顾之忧，形成人人想创业、人人能创业、人人敢创业的文化氛围。

对于大学创新创业氛围的营造，要充分利用校内外各种资源，加强宣传和教育。第一，提供校园创新创业信息服务。为学生提供各种创业项目、创业资源、创业政策等信息咨询和宣传服务。第二，利用公众号、校园广播、宣传栏、校内网等传播媒介，在大学生群体中传播创新创业知识、普及创新与创业的意义，以产生潜移默化的影响；第三，发挥大学生创业社团等学生组织的作用，积极开展各种学生活动，使之成为创新创业意识普及和创新创业技能教育的有效载体。例如，经常举办各种创业比赛、创业论坛、创业沙龙等，有助于增强学生对创新创业的认同感，接受各种新的观念。第四，寻求社会等校外主体的参与，可以邀请企业家、成功的创业者和一些创业成功的校友，给学生分享创新创业的心得，分享他们的经历，从而给学生树立创新创业的榜样和典范，形成开放包容、崇尚创新、勇于实践的创新创业文化氛围。

（三）提升大学生的创业自我效能感

1. 从国家角度来说

应该尽可能多的开设绿色通道和推行专项政策来支持大学生开展创业活动，为其进行创业提供更加高效便利的条件。同时国家也应该为大学生这一群体提供专项的创业资金，降低大学生进行创业这一活动的准入门槛，减轻大学生在创业前期的心理负担，树立并激发开展创业活动的自信心，促进其落实创办企业的想法。

2. 从高校角度来说

应该多在校园内组织一些创业类相关活动，塑造出一种浓厚的创业氛围。为在校的大学生们设置相关创业课程的培训，培养他们创办企业的自信心。加大在创业相关教育的投入，重视对于创业教育的发展，能够给大学生进行开展创业夯实了基础，降低大学生进行创业时面临的风险，能够对其的创业自信心起到提升的作用。同时高校在进行创业教育时，也要更加应该注重对于女大学生的培养，可以通过一些女性企业家的成功创业案例来为其树立榜样，进而可以激发她们的自信心。此外，高校应该注重研究生的创业教育，加强对于这部分高等人才的培养，激发他们的创业自信心，提升其的创业意向。

3. 从家庭角度来说

对于大学生创业者来说能够得到来自父母和朋友的精神上的支持是非常有助于其树立创业自我效能。家庭也会给大学生带来一些人脉资源，这能够激发其进行创业的积极性。此外，家庭还可以为大学生创业进行一些资金上的帮助，这在很大程度上能够激发其创业积极性，促使其萌发创业这一行为。

此外，家庭成员中有创业经历的，会对大学生进行创业带来潜移默化的影响，不仅可以给其带来精神和资金上的帮助，更多的是带来创业过程中的积累经验，还可以为其拓展商业界的人脉，这在很大程度上可以增强其自信心。

（四）加大政府对创业政策的扶持

在得到来自政府的创业政策的支持下，大学生创业者的自信心会增强，进而促使其迸发创业的想法。因此，政府应从以下四个方面来加强相关创业的政策。

1. 加强宣传力度

目前关于大学生创业政策的宣传的工作还处于初期，宣传的力度还不够，政府应该拓宽大学生政策的宣传渠道，在互联网如此发达的时代，政府应该借助媒体进行宣传，大学生也可以更加快捷的方式去了解政府对于其的大力支持，提升其的创业意向。

2. 加大扶持力度

当下政府在给潜在的创业者提供担保贷款政策、税收减免政策、场地费用减免政策等方面的扶持力度还不足，大学生实施创业这一过程中最大的障碍应该是资金的问题，政府能够通过为大学生提供担保贷款、税收政策的减免及其场地费用的减免来降低大学生对于创业初期资金的担忧，是大学生进行创业的很大的推动力。

3. 增加创业培训补贴政策

虽然在校的大学生接受过学校的创业课程及参加过学校开设的创业实践课程，进行沙盘模拟创办企业，也模拟过企业的经营活动，但是在其投入正式创业之前，非常有必要对其进行正规化及程序化的培训，让大学生对于企业创办的整个流程更加的熟悉，最大程度上降低其对于开展创业不确定性的担忧，充分地调动大学生开展创业活动的主动性，以此增强其萌发创业想法。

4. 政府应简化工商注册流程

由于大学生的社会经验较少，对于较为烦琐的公司注册不太了解，所以在面对其时会产生恐惧和退却，进而非常容易想要放弃开办企业的这一想法。因此，政府应为大学生提供简化的公司注册的流程，可以专门为其提供通道来办理注册手续，以此来调动大学生的创业积极性。

（五）优化大学生创业的政府管理

1. 加强部门合作

（1）成立专门的部门统领管理

对于大学生创业工作的碎片化管理，一定程度上已经影响了大学生创业工作的开展。我们可以建立相关部门，将其当作推动大学生展开创业的引导机构，其还要受到政府的监督，联合不同部门的力量，摒弃其中重叠交叉的工作事务，革新工作内容和形式，延伸工作范围。

目前，在推动大学生创业工作上，从各个部门来看，人力资源和社会保障局为重要的政策建立者，教育局、团委与财政局等政府机构在引导大学生进行创业的过程中，也在按照自身与其有关的内容来展开工作。现状为缺乏综合性的组织把不同部门的资源与力量进行全面的整合，该组织不仅应该建立合理性政策的能力，而且还需要获得相关的授权，在推动大学生创业上能够协作其他相关部门来展开。所以，政府可以安排专门的创业管理部门，联合其他相关部门来展开配合和协调，从而来联合不同部门，发挥出推动大学生创业的积极性作用。

目前，在我国的政府部门中，按照不同部门职能的范围和在推动大学生创业过程中的具体契合水平来看，共青团在地方政府与大型企业上的工作范围非常大，组织部门也非常完善。但是，共青团组织为群体性的组织，其主要是受到同级党委的监督，在与不同部门展开协作的能力上较为薄弱。所以应该学习其他途径中先进的做法和经验，建立与"青年事务管理局"相关的组织，从而来组成政府部门，来承担政府职能中的青年工作事务。这一部门主要围绕青年发展规划与青年公共政策展开，以此来建立、贯彻和落实与青年事务相关的工作包括大学生的创业工作，与其他相关青年事务部门形成良好的合作，给区域范围青年带来一体化的服务。

（2）推动工作的专业化开展

政府要注重创业工作的专业化开展。要注意不同部门分工的合理化、高效化和有效化。相关部门要积极展开本区域的调研工作，要让政策建立在合理有效的数据基础上。要积极听取创业大学生的心声，掌握该区域大学生创业的实际现状与需求，让政策更具针对性、合理性。

此外，还需要把相关部门和大学生相关的工作内容放进政府工作绩效评估的内容之中，协调分工，让不同部门在有关工作上树立高度的责任感。领导部门在有关工作上需要评估和监督到位，评估内容要尽可能的优化，通过评估来促进不同部门展开对应的工作，积极贯彻相关政策，进一步推动该地区大学生创业稳定有序的发展。

此外，针对目前政府出台的大学生创业政策存在一定的滞后性，缺乏一定的有效性的问题，政府可以利用创业实践载体，例如一些大学生创业园区，了解政策的实施效果。政策制定者应该加入这些创业实践的载体，以更深入地了解每项政策实施的有效性以及存在的弊端和缺陷。在发挥出这部分创业载体的内在作用，才可以为接下来合理性政策建立带来良好的参考。现阶段，全部的创业实践载体均是独立性运营的，仅分享自身所取得的成果，而基本上不会分享自身成功的优秀做法和经验。政府可以通过这部分企业家来确定当地的创业工作能否可以进一步改善改进。

2. 提高创业管理人员的专业化水平

创业管理人员是否专业直接关系到创业政策制定的合理性、针对性。政府应该提高创业管理人员的专业化水平。首先，对于政策制定者管理者来说，政府不应只注重大学生创业者的创业教育，对于政策的制定者管理者也应加强他们的创业教育，管理人员也应展开定期的培训，政府可以请一些成功企业的创业人才或者高校里专业的创业指导老师定期做培训，增强提高管理人员的专业水平。

此外，政府管理人员也要及时展开针对性的调查分析，带来良好的决策意见，以此发挥出非常好的决策性参考作用。要遵循"从实际出发，实事求是"的原则，在建立辅助性决策之前，要积极的展开实地考察工作。政策决定部门应该通过成立专门化的调研团队，来对自身的政策建立提供精确合理的数据，还可以通过社会组织来协调自身的调研工作，保证政策的制定有针对性，符合大学生创业的需求。对于孵化园以及高校等其他的创业管理人员来说，也应加强他们的创业培训与教育，孵化园区的指导人员管理人员最好是找一些有创业经验、创业经历或者接受过专业创业教育的人员，以此能够保证他们能够在大学生创业需要指导帮助时能够提供专业有针对性的指导意见。

3. 优化大学生创业的融资渠道

融资问题是大学生创业的首要问题，解决好大学生创业的融资问题是管理大学生创业的重中之重，政府要优化大学生创业的融资渠道。

首先，政府可以适当放松放宽对于大学生创业中融资的一些限制，例如大学生申请担保贷款，政府对于担保人资格可以适当放松，对于贷款金额可以适度增加。此外，还有大学生创业基金的申请，政府也应该适度放宽条件，让更多想要创业的大学生可以申请到大学生创业基金，此外还要吸引社会力量的加入创业基金，让更多的大学生有机会申请到适度金额的基金帮扶。

其次，政府要加强政策的管理监督，要确保政策落到实处，有很多大学生自主创业者都表示目前很多政策并没有落到实处，有很多大学生创业都没有享受到政府的相关资金扶持政策，所以政府要加强监督管理，保障大学生可以实实在在地享受到政府对大学生的创业扶持政策。

最后，还可以建立创业失败的补偿基金，补偿措施，目前银行以及创业者不敢贷款主要是担心一旦创业失败，银行要承担风险，创业者要承担责任，如果创业失败可以有一定的补偿机制，可以降低创业风险，银行可以更放心地为创业者提供贷款，大学生创业者也可以更大胆地去创业。此外，国外在解决大学生创业问题上有很多值得借鉴的经验。

第四章　大学生创业机会与创业风险

以美国为例,美国在解决大学生创业融资问题上采用了多种方法,相比我国,美国的社会基金参与大学生创业的程度要高,此外美国采取分阶段的融资方式,投资人可以根据初创企业每一阶段的发展状况决定是否投资。美国在大学生融资问题上还发挥了商业保险的作用,保险公司介入到大学生创业的融资中,可以降低创业者以及投资者的风险,可以帮助大学生提升创业的信心,降低大学生创业的风险,帮助大学生获得更多的投资。英国在解决大学生创业融资问题上采取的方法是建立大学生创业基金,对于想要创业并且创业前景较好的创业者,创业基金会给自主创业者提供充足的资金帮助,帮助大学生解决资金问题,成功创业。根据相关的数据资料显示,英国的大学生创业基金帮扶的大学生创业项目的成功率很高,有大约60%的创业项目都获得了成功。这些成功经验我们都可以适当地借鉴。

4. 加强创业教育

(1) 要注重创业思维的培养

实际意义上的创业教育不仅体现为创业知识和技能的掌握,还表现为一种创业思维的锻炼。所以在推动创业教育的过程中,仅仅将创业教育放入课程教育是远远不够的,我们应该让这种创业教育向更深层面过渡和发展,应该关注到大学生创业意识和思维的培养在大学生未来发展上是相当关键的。部分大学生在创业知识与技能上掌握较为到位,然而这并不能说明其创业会是非常顺利的,在变幻莫测的商业条件下,创业者应该具备相关的创业技能来积极应对瞬息万变的变化,但是该种创业技能涉及内在的创新思维去引导,并且该种创新思维的培养并非一蹴而就的,这要求大学生在现阶段的大学生活中去锻炼该种思维。

创业教育需要着眼于该点内容展开,不管是创业教育机构成立,还是创业教育体系的完善,都需要围绕塑造良好的环境,锻炼创业思维展开,以此既能够促进创业教育稳定的发展,还能够在大学生的培养上更高满足社会发展的需求。高校在进行授课的同时,需要适当的设置部分培养创新思维的流程。此外,良好的创业环境也是创业思维形成不可或缺的关键一环,政府和高校也要注意要为大学生创造良好的创业环境。

(2) 进一步完善创业课程设置

我国在创业教育上的发展还处于较为滞后的阶段,创业教育课程的设置已经大大地落后于创业教育的需求。我们应该改进创业课程的设置,要满足多元化和综合化的要求。在大学生创业教育上设置了不同形式的课程,这部分课程所囊括的范围要较广,主题也应更为系统。

要更多的关注实践教学，不能仅仅是纸上谈兵，要注重大学生创业实践能力的培养。此外，我们还可以根据初中、高中到大学等不同学历阶段设置适合每一阶段学生学习的创业课程。在大学生专业的建立上还可以设置了创业管理专业，形成了高校创业的中心，以此来全面使用社会资源推动教育的进一步发展。其既可以给社会成立特定性的专业化队伍，还可以为创业探讨注入新鲜的活力，促进创业教育革新的进一步发展。

（3）借鉴国外先进经验

目前，我国在创业教育的发展上较为滞后，现阶段还处在初始化的状态。而国外在创业教育上已经有着非常长的发展时间，可以从中整理出一些有着较大参考价值的经验和方法。

以美国的创业教育来说，其主要在如下几点内容有着较为突出的特点：第一，创业教育有着非常高的普及水平。美国很多高校在创业教育上都有着非常高的关注力度，一般会从自身发展的具体现状出发来设置相关的创业教育课程。第二是具备完善的创业教育思想。第三是具备充足的创业教育师资力量。第四是重点培养大学生的创业积极性。第五是教育形式灵活多变。第六是注重和其他学科的有机结合。第七是切实推进创业实践。第八是具有强大的资金基础。

此外，在瑞典，大部分大学教师都有着十足的创业经验，其中也还有部分创业精英，其在进行创业教育的过程中，可以全面地围绕理论对实际现状展开研究和探讨，以此可以和学生间形成和谐良好的关系，推动学生在受教育中保持良好的积极性，以此来促进教育发挥出较大的引领性作用。

对上述两个国家的做法进行总结能够看出，若想进一步促进大学生创业，对于高校而言，需要全面发挥出自身的引导性作用，让自身发展成大学生积极创业和创新的主动驱动力。各大高校是社会进行创新的主要阵地，在采取相关行之有效措施的同时，也应积极承担自身所应该承担的责任。

（六）鼓励大学生个体创业能力的自我开发

对于新时代大学生应改变其创业观念，通过创业学习自我开发个体创业能力。创业学习可分为认知学习、经验学习和实践学习三个方面。认知学习是大学生获取创业技能与创业知识的一种重要方式，要求大学生要具备良好的知识储备，从而使大学生在创业过程中高效地识别有用的创业信息，更加敏锐地发现潜在的创业机会，进而提高创业意愿水平；同时，大学生要注意培养和磨砺自己的创业特质，对树立积极的创业自我认知有重要推动作用。经验学习要求大学生保持开放的心态，扩大社会网络规模，根据自身发展和专业所学，以创业知识和信息获取为基础,对自身和他人创业经验的进行反省和总结,从中获取有价值的创业信息,更好地完善自身的创业知识结构,增强自身自主创业创新意识。实践学习要求大学生真实地参与到创业相关活动中,可以通过参与政府或高校创办的各类创业竞赛,将所学的创业理论知识与实践相结合,开展大学生创新创业模拟实训,注重锻炼自身资源获取和整合的综合素质,将自身创业知识与经验转化为有效的创业经验,在这种创业资源高度集中的赛事中得到的丰富的创业经验与体会,能够在短期内极大地提高大学生创业能力和创业意愿水平。

第二节　大学生创业风险的识别

一、创业与风险

(一)风险

风险作为一门学科,最早出现在欧洲的文艺复兴时期,那时候,人们充满了对未知世界的好奇,开始积极探索和发现新的事物,对新事物的接受能力不断提升,从那个时候开始,风险这个词就出现了,在意大利语中,风险还有一层含义,就是敢于,敢于冒险的去寻找新的事物,这样就可以获得新的事物,通过这种方法,对风险进行新的定义,这是世界上最早有关风险的记载。随着历史的发展,很多专家开始研究风险,以下是几种比较有特色的观点。

在20世纪90年代的时候,美国著名的风险研究学者危雷特提出了风险的理念,他认为风险是客观存在的,由一些不确定的因素组成。

1920年,德国的经济学家耐特认为,风险是可以被预测的,但是存在很多的不确定性。

1983年,日本有名的经济学家武井勋在总结国外的研究基础上,提出了自己的看法,认为风险存在特定的环境中,并且在形成的时候对经济会产生一定的影响。

1984年,台湾的经济学者郭明哲表示,风险是在决策的时候产生的不确定因素,这些因素影响了决策的结果。因此,他认为风险是经济损失的一种方式。

（二）风险理论

风险是决策时的一个要素。风险是一个多维度的概念，涉及了不确定性、收益损失、情景等，通常被描述为结果的多样性，由信息缺失导致的结果不确定性和预期成果的不可控性。人们通常不喜欢不确定性，除非这种不确定性可能带来很高的收益。对结果的不确定性表现在不确定可能发生何种结果和每种结果发生的可能性有多大。值得注意的是，在风险的定义中"可能的结果"不仅是有害的结果，也可能是有利的结果。根据前景理论（Prospect Theory），人们通常对可能发生的不利结果更为敏感。当预期结果大概率是不利的，人们则更可能选择实施风险性行为；当预期结果大概率是有利的，人们更愿意规避风险。

（三）风险与创业

创业是有风险的。沙皮罗与索科尔在提出创业事件模型时指出，创业行为包含五个要素，其中就有风险承担，在研究创业意向形成中引入风险相关概念是合理且有必要的。近年来在创业研究中，"风险"也逐渐得到更多的关注。创业风险来源于成功进入某个市场的概率，从不会被预知。创业过程中，创业者面临的风险包括时间风险、投资风险、技术风险、综合风险等，这些风险共同对创业项目是否可行发生影响。巴尔博萨（Barbosa）将创业者的风险感知分为两个层面——机会风险感知和威胁风险感知，分别对创业意向起到促进和抑制的作用。创业过程中遇到的风险，可能来源于环境（如政策风险），也可能来源于自身（如个人能力风险）。创业失败案例中，主要原因之一是对创业风险的错误评估。因为创业是有风险的行为，人们决定是否创业除了依据个人的能力和预期的收益之外，个人的风险态度也有重要的影响。

由于创业可以理解为一种风险决策行为，所以在创业风险决策的过程中，风险偏好也可能影响创业者的决策。部分学者认为，风险偏好更高的年轻人更愿意创业，创业者呈现出更高的风险承担水平。创业者拥有较高的风险偏好特质是有利的，有勇气承担风险是成功创业者的特质之一。崔（Cui）等认为，高风险偏好的人在创新等方面有更高的商业敏感度。创业者与一般管理者相比有着更高的风险偏好。也有研究表明，风险偏好更高的人有更强的机会识别能力和创业意向，风险偏好低的人有更强的关系能力和忍受力。但后来的研究却质疑了该结论，即创业者相比非创业者，并不是更喜好风险，而是感知到的风险更小。也有观点认为，创业者不是更愿意承担风险，甚至比一般的公众更厌恶风险。而且，前后两个观点都有学者通过元分析方法综合较多的研究结果得出该统计结论,并且都有充分的理由,所以创业者是否有特定的风险偏好这一事实同样值得讨论。也有学者将高风险偏好理解为倾向于在复杂的商业环境中发现更多有利的要素,即对待商业的态度更加乐观。

(四)创业风险的来源

创业环境的不确定性,创业机会与创业企业的复杂性,创业者、创业团队与创业投资者的能力与实力的有限性都是创业风险的根本来源。有研究表明,由于创业的过程往往是将某一构想或技术转化为具体的产品或服务的过程,而在这一过程中,存在着几个基本的、相互联系的缺口,它们是上述不确定性、复杂性和有限性的主要来源。也就是说,创业风险在给定的宏观条件下,往往就直接来源于这些缺口。

1. 管理缺口

管理缺口主要包括管理者综合素质缺口、创业机会与创业风险团队稳定性缺口和决策缺口。管理者综合素质缺口是指创业者不一定具备出色的管理才能,特别是大学生在创业时由于经验、知识等方面的不足,虽然可能是技术方面的专业人才,但却不一定具备专业的管理才能,从而形成管理缺口;团队稳定性在创业活动中也非常关键,创业初期往往非常艰难,如果团队成员的创业信念不统一,那么创业团队很容易分崩离析;团队决策如果过于轻率和随意,则会导致企业的方向性错误,给创业活动造成风险。

2. 资源缺口

资源与创业者之间的关系就如同颜料、画笔与画家之间的关系。没有了颜料和画笔,画家即使有了构思也无从实现。创业也是如此,没有所需的资源,创业者将一筹莫展,创业也就无从谈起。在多数情况下,创业者不一定也不可能拥有所需的全部资源,这就形成了资源缺口。如果创业者没有能力弥补相应的资源缺口,要么创业无法起步,要么在创业中受制于人,要么就是在创业过程中遭遇巨大的风险。

3. 资金缺口

资金缺口包括两种:一是融资缺口,创业者通常可以证明其构想的可行性,但往往没有足够的资金将构想实现商品化,从而给创业带来一定的风险,一般只有极少数基金愿意鼓励创业者跨越这个缺口,如天使投资及政府资助计划等;二是财务缺口,创业之初,如何进行科学合理的财务预算和管理、如何编制可操作性强的财务报表等,是制约创业者创业和融资成功的风险因素之一。

4.产品和市场缺口

由于创业企业选择新市场或新产品或服务进行开发，因此在创业初期市场风险很大，如不能很好地了解市场需求，不能预知商业模式的可持续性，不能很好地把握产品的销量和利润等，就会造成一定风险。

二、大学生创业风险识别

（一）大学生创业风险因素

国内外学者对大学生创业风险的研究相对重视，其中对大学生创业风险的因素研究非常广泛，相关学者的研究结果如表4-1所示。

表4-1 大学生创业风险因素

作者	年份	观点
Harald Strotmann	2007	除了创业企业规模之外，企业的类型也是影响创业风险的主要因素之一，对大学生创业的生存产生不可忽略的影响
陆娟	2017	通过对产生大学生创业风险的原因研究，认为大学生创业风险的产生可能来源于这几个方面：创业机会与创业企业的复杂性、创业环境的波动性，创业者、创业团队与创业投资者的能力和实力的有限性等
Albats E	2016	社会信息趋同化和创业领导者风险感知的偏差也是创业风险的来源
段晓莉	2015	总结了大学生创业风险来源的五大缺口：研究缺口、融资缺口、资源缺口、管理缺口、信息和信任缺口。
赵军	2016	大学生由于处于生命周期中的起步阶段，企业的规模不大、获取资源的能力不强，同时对生产、市场、经营等方面的经验也非常有限，所以资源缺口和经验缺口这"双缺口"是导致创业企业面临风险的根本原因，并指出信息资源对大学生创业的重要性不容忽视
WuCW	2016	能否获取有效的信息资源、能否进行正确的市场定位、能否设计出有潜力的产品是引发创业风险的重要因素，然而这些风险因素的识别主要来自创业者获取的信息资源

许多学者从大学生创业的风险要素入手，认为信息资源是创业风险的重要来源。然而，对大学生创业风险识别的过程不仅要对大学生创业风险因素有综合性的认识，还要对大学生创业风险识别的方法做出选择，国内外学者对大学生创业识别的方法给出了一定的借鉴，李海翔总结大学生创业风险识别的方法有：：模糊综合评价法、头脑风暴法、情景分析法，从获取资源及数据的可能性方面考虑，主要采用模糊综合评价法进行大学生创业风险的识别。大学生创业风险问题主要集中在：：资源（信息、资金、政策……）环境（市场、团队、组织……管理）创业者本身等很多方面，虽然大都强调了信息资源对大学生创业有重要的影响关系。信息资源是大学生创业成功的重要核心资源，大学生创业的整个活动过程就是一个信息的搜集、筛选、利用、加工的过程。

（二）大学生创业风险的识别

风险识别是指在风险事故发生之前，人们运用各种方法，系统地、连续地认识风险主体所面临的各种风险以及分析风险事故发生的潜在原因和条件的过程。企业经营者如不能正确、全面地认识企业可能面临的所有潜在损失，就不可能及时发现和预防风险，也难以选择最佳处理方法。因此，风险管理的第一步就是要正确、全面地认识可能面临的各种潜在损失。

1. 创业风险识别应遵循的内容

识别创业中可能出现的风险是创业风险管理得以有效实施的关键性环节，具体结合相关手段以及工具来识别可能对创业项目建设目标的实现产生一定影响的各种风险事件，并做好归类，必要情况需要预测和评估出各种风险事件造成的严重后果。

2. 创业风险识别的标准

①创业项目规划。这是指项目所要实现的目标范围、工程原料使用规划、相关工作者期望的项目、成本支出和工程进展规划等。

②规划工程项目的风险控制。其针对项目管理措施以及风险控制措施进行制定，并对项目风险管理实施中的具体情况进行明确，以此提供给项目单位或者是个人控制风险的必要性指导依据。

③历史数据。这是指历史上差异较小工程的数据记录、工程进展规划、工作任务分配、专业学者分析工程假象等一系列信息资源，通过分析所有的信息资源能够将具有价值性的信息提供给本项目，有利于本项目在实施过程中对风险进行有效规避和控制。

识别创业中可能出现的风险是项目风险管理得以有效实施的关键性环节，具体结合相关手段以及工具来识别可能对项目建设目标的实现产生一定影响的各种风险事件，并做好归类，必要情况需要预测和评估出各种风险事件造成的严重后果。

3. 创业风险识别方法

创业风险识别的具体方法主要有以下几种。

①业务流程法。创业者可以业务流程图的方式将企业从原材料采购直至送到消费者手中的全部业务经营过程划分为若干环节，每一个环节再配以更为详尽的作业流程图，据此确定每一个环节需要进行的重点预防和处置。

②咨询法。创业者可以一定的代价委托咨询公司或保险代理人进行风险调查和识别，并提出风险管理方案，供经营决策参考。

③现场观察法。创业者可通过直接观察企业的各种生产经营设施和具体业务活动来了解和掌握企业面临的各种风险。

④财务报表法。创业者可通过分析资产负债表、损益表和现金流量表等报表中的每一个会计科目，确定某一特定企业在何种情况下会有什么样的潜在损失及造成损失的原因。由于企业的经营活动最终要涉及商品和资金，故这种方法比较直观、客观和准确。

（三）大学生创业风险识别评价

1. 风险评价的概念及作用

这是指为了保证针对创业项目的评价工作得以顺利开展，需要对影响本项目成功的相关因素和变化情况进行充分考虑，并做到深入分析，同时检验项目风险的评价结果，保证最终结果具有一定可靠性，有利于准确预测项目风险的实现。而评价风险的影响作用表现为：通过评价风险针对其在开发项目中产生的影响程度进行分析，提供给企业形成项目决策非常重要的参考依据，以此制定出合理化的对策措施，保证项目风险的减少，同时提高效益。

项目风险的评价工作针对创业项目来讲一直是非常重要的一个步骤，该工作能够有效评判出项目运营过程中所产生的影响效果，并对风险在项目中可能产生的经济损失进行合理预测，以此制定出合理化的防范对策有效化解和减小风险。

①提供给项目管理者一定的参考依据。通过分析项目风险可以提供给项目管理者一定的参考依据，使得风险导致的经济损失减少，有利于项目管理者结合项目发展现状制定出合理化的决策。

②具有防范作用。有利于协助项目管理者对项目投资过程中可能出的风险、产生的影响以及影响效果进行全面掌握，同时预测出风险来源和发展趋势，有利于项目管理者预先将风险防范对策进行制定，并结合合理化的防范对策对管理者利益进行保障。

③具有激励作用。当项目风险增大时，其获得的预期报酬也会相应增加，因此立足于预测和评价项目风险这一基础上，协助项目管理者对遇到的风险所获取的预期报酬进行全面掌握，同时激发了项目管理者的投资信息和决心。

2. 大学生创业风险识别的评价思路

在大多数学者们关于大学生创业风险研究中，对于风险因素的分析具有多样性的特点，基于信息生态理论我们也很难对大学生创业风险识别因素做出精确具体的分类，只能结合学者们的研究经验，经过归纳分析，找出适合自己研究的因素指标。基于信息生态理论的大学生创业风险识别，将信息环境、信息资源、信息人作为大学生创业风险识别模型的一级风险指标，但具体的风险指标集的确定需要我们通过对研究做出一定的特征分析从而选用与之相适应的评价方法。大学生创业风险识别与评价的特征分析。

①大学生创业风险识别与评价具有多样性的特点，涉及的风险因素多种多样，且这些因素具有难以量化的特点，因此，采用定量与定性相结合的研究方法进行大学生创业风险识别及评价。

②大学生创业风险识别与评价具有综合性。我们虽然基于信息生态理论研究信息资源对大学生创业风险的影响，但必须从信息资源的层面将各种因素尽可能地综合起来考虑，因此必须进行全面的综合分析。

基于上述分析，并结合模糊综合评价法适用于评价指标因素多，且结构层次多的系统特点，可以采用模糊综合评价法可以更好地解决该大学生创业风险识别及评价模型中指标间的模糊性、多样性及评价专家知识及认知的模糊性等。

3. 大学生创业风险识别的评价步骤

首先识别大学生创业风险的因素，并确定风险评价指标，建立多目标的大学生创业风险识别指标体系，并运用层次分析法计算各指标权重，最后采用模糊综合评价方法对大学生创业风险识别进行综合评价，具体评价步骤如图 4-1 所示。

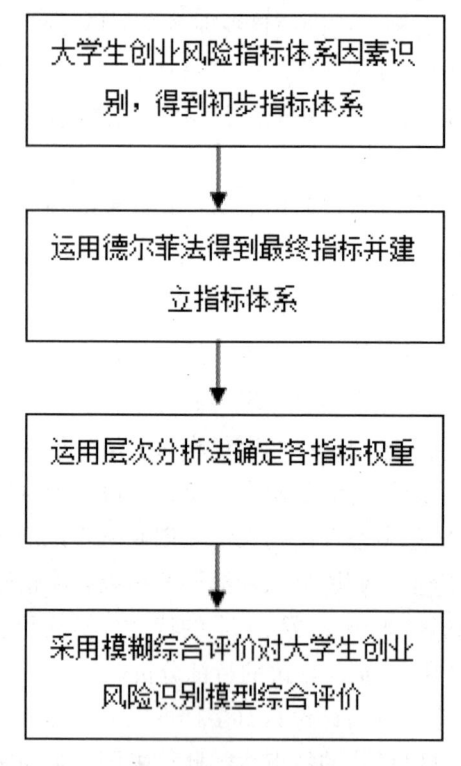

```
┌─────────────────────────┐
│ 大学生创业风险指标体系因素识 │
│   别,得到初步指标体系     │
└─────────────────────────┘
            ↓
┌─────────────────────────┐
│ 运用德尔菲法得到最终指标并建 │
│       立指标体系          │
└─────────────────────────┘
            ↓
┌─────────────────────────┐
│  运用层次分析法确定各指标权重 │
└─────────────────────────┘
            ↓
┌─────────────────────────┐
│ 采用模糊综合评价对大学生创业 │
│   风险识别模型综合评价     │
└─────────────────────────┘
```

图 4-1　大学生创业风险识别评价步骤

三、大学生创业风险控制与监控

(一)创业风险控制

风险控制(Risk Control)是指在已明确项目决策这一情况下,通过分析项目经营活动开展时所产生的风险问题,来获取风险概率以及影响效果,同时根据项目风险具有的属性以及项目决策者能够承受风险的最大能力,以此将防范项目风险的计划方案进行制定。项目风险控制措施在实施过程中包括两种类型,其一是风险预防,其二是风险转移。

1. 风险预防措施

风险预防是指在出现风险之前,为了将受到风险影响的损失降到最小值,需要对不同高效化预防措施进行选择。在项目决策过程中可以运用的风险预防措施表现为:①将具有专业化、高质量、多学科的一个项目开发团队进行打造。②针对项目风险预警系统进行构建和完善。③将项目风险管理制度充分运用于各个阶段。

2. 风险转移措施

①通过保险手段去实现风险转移。普遍是在保险公司中投保,将支付的保险费金额作为投保代价,引导项目中大多数风险转移到保险公司中。这是科技企业常用的有效防范项目风险的手段之一。

②其他经济实体分摊风险。创业单位通过和综合实力相当的其他类型实体单位进行合同条款的签订,以此将一些项目风险分摊给这些单位。

③风险自留。当某些项目风险无法得以转移、控制以及防范时,创业者为了保证其利益实现最大化,普遍采取的态度均比较现实,也就是在不对企业整体利益产生较大的影响情况下,通过自身将项目风险和影响损失进行承担。

(二)创业风险监控

风险监控(Risk Monitoring)指的是某一项目在运行时结合项目中可能存在的风险、项目发展趋势和方向、风险管理计划方案等做出监督和控制的活动行为。只有对项目风险的可能性以及发展情况进行充分把握,才能保证项目风险具有一定可控制性。项目风险监控是指对已经识别的风险进行跟踪,保障评价风险的管理计划以及控制措施具有一定有效性。项目风险监控的操作依据包括附加风险、风险管理和控制计划、项目沟通、项目评审。

四、大学生创业教育风险的防范

创业教育对大学生风险感知有正向影响,并受到大学生风险偏好的抑制调节。在创业教育中,随着大学生对创业活动认识的不断加深,对创业风险的感知也越来越具体。创业教育向大学生展示了创办企业的复杂性,填补了大学生对创业认知上的空白,使其对政策风险、市场风险等带来的结果有更明确的认识。一些失败或被迫转型的案例也使大学生认为创业活动的不确定性较高。在实践层面,一些创业实践活动可能给大学生带来失败或部分失败的体验,让大学生对负面风险的认识增强,从而抑制了创业意向。

另外,风险偏好在创业教育对风险感知的影响中起抑制调节作用,表明在创业教育中,更偏好风险的大学生感知到的创业风险更小,由此产生的对可行性感知的抑制也更小。而风险偏好较低的学生,则对风险更敏感,对风险的感知也更高。

（一）让大学生充分认识创业风险——避免盲目创业

大学生创业一直伴随着争议，其中的一个焦点即是大学生缺乏社会阅历，抵抗风险能力较低，盲目创业的成功率低，造成社会资源不必要的浪费。高校创业教育会让大学生感知到更多的创业风险，从而降低对创业可行性的认知。创业教育丰富了学生对创业的认识，一定程度上降低了学生因对风险的错误估计而创业失败的概率。事实上，部分创业者因为获取的信息有局限性而感知到更少的风险，由此做出的创业决策是建立在认知偏差基础上的，这很可能会降低创业成功的可能性。这揭示了创业教育存在的一个重要意义。人们往往认为，创业教育应该通过多样化的教学形式促进创业行为的发生。为了激发创业热情，广泛宣传成功创业者事迹，美化创业激情。但这样的目的和方法是不全面的，容易让部分易冲动、成就需要较高的学生盲目投身创业。此类创业者往往对风险考虑不足，缺乏对外部环境的调研，缺乏对自身能力的合理估计，最终导致创业项目成功可能性不高。但如果在创业教育环节加强对创业风险的展示，引导学生利用合理的工具和方法，全面深入地评估创业风险和自身抵御风险的能力，形成正确的风险观。这有助于对创业可行性有更理性的认识，有效地减少冲动创业，盲目创业的行为。创业教育对学生风险感知的正面影响，可以理解为一种"过滤"作用。这也是实践中一道抵御社会资源浪费的屏障，同时起到保护大学生自身的作用。在教育实践中，创业教育应当具有全面性，尤其应注重风险识别、风险控制等方面的教育。

（二）促进高质量创业——提高资源利用率

高校在创业教育中应当因材施教，鼓励偏好风险的学生充分参与创业实践等活动，开阔视野。

不是所有人都适合创业，而某些创业能力强的人更应该被鼓励创业。创业教育也应当有所侧重。不同风险偏好的学生面对创业活动有不同的风险认知。所以，对于风险偏好高的学生，其创业的可能性是更高的，面向此类学生开展创新创业教育成效应该更加明显。国务院明确指出，应当引导大学生在创业过程中敢冒风险。创业教育应当是分对象，分阶段的。对于普通学生，应当开展"创业通识教育"，培育创业文化，普及基础创业常识。而对于有更高的风险偏好，愿意进一步了解创业活动的学生，还应当引导其与创业者深度交流，深度参加创业模拟、创业实践等活动，增加机会识别与机会把握的能力，全面提升其创业素养，促进高质量创业。各阶段的创业教育都应当有筛选下一阶段创业教育参与者的职能，并为学生提供评估工具，测量自身合意性感知水平、可行性感知水平及创业意向水平。而对部分风险偏好较低的学生，在了解创业活动的基础上，如果意向仍然较低，则应注重培养其他方面的能力。由此可以提高创新创业教育资源的应用效率。

值得特殊说明的是，对于风险偏好较高的学生，也应当引导其充分认识创业风险，二者是相辅相成的。较高的风险偏好有利于创业意向的形成，但也会出现盲目创业的问题。

（三）丰富创业教育形式——激发大学生创业兴趣

应当通过多种创业教育形式，广泛激发大学生的创业兴趣，营造良好的创业氛围，培育创业文化。

创业教育对合意性感知的提升十分明显。而且，尽管创业教育降低了可行性感知，但经过中介作用后对创业意向仍有正向影响。这表明，创业教育在培养大学生形成创业兴趣中扮演着十分重要的角色。通过多种形式，创业教育能够逐步改变大学生传统的择业观和就业观，激发大学生的活力和创造力，营造对创业更为友好的社会环境。在创业研究领域，创业活动对社会发展有着诸多积极效应，但现实情境中，人们对创业行为的态度却不一定乐观，在经济低迷时期尤为明显，大学生创业甚至被认为是一种不明智的行为。创业文化在很多地区还有着较大的发展空间。而在大学生群体中培养创业兴趣，培育创业文化是一条良好的途径，对"大众创业，万众创新"有着十分积极的意义。

值得特殊说明的是，在创业兴趣的培育中，应当对机会型创业加强鼓励。创业可能是机会型创业，也可能是生存型创业。大学的创业教育，应当避免鼓励大学生投入到低效的，低技术含量的，容易复制的生存型创业行为之中。这不是大学生创业的主战场，甚至大学生在此领域中可能处于劣势。而对机会型创业的兴趣培养，有助于大学生将接受的专业教育与创业行为相结合，也同步增强了大学生的专业兴趣，促进大学生的综合发展。就像德鲁克的观点一样，将"创业"理解为把握新的机会创造新的价值，而不仅仅是自我雇佣。

五、大学生创业风险管理防范

（一）大学生方面

1. 提升自身素质能力

创办的企业走向什么样的道路，完全取决于创业者自身素养，所以，对大学生综合素质的提升培养，可以从以下几个部分开始。

（1）专业技术的提升

专业的职业操守和知识是专业技术能力的体现，同样也是创办企业能够有效发展的重要前提。专业知识简单来讲就是，所从事某些行业的创业者，必须具备其行业的专业知识技能，利用其专业知识，在实践中不断的提高技能水平，把知识和积累的经验融合成为一体，利用科学的基础理论展开实践探索。这就是一名优秀创业者所具备的基本条件。

（2）经营能力的提升

创业者需要对其创业的活动进行把控和管理，只有其把控性和管理水准提升才能够拥有良好的经营能力。创业者的经营能力的高低直接关乎创业活动的成败。经营能力所具备的条件就是需要利用更高层次的可以配置和人力组合优化、创业资金的合理利用等。

首先，经营者一定要有丰富的管理经验和技术能力，对于管理知识不足的经营者不具备能够引导创业活动顺利展开施行，同时有可能导致创业活动失败，基本的经营管理需要经营者具备："技术能力、管理能力、沟通能力"等。一名合格的创业者，首先就要具备一定的管理能力和相关技术能力，并且不断地提升各种能力。

其次，增强自身的专业知识技能与实践所累计的经验，为创业活动的开始做好铺垫，培养和提高创业者的经营能力就需要创业者进行深入的市场调研后进行分析和审视发展趋势，牢牢掌握市场经济的变动和发展方向，顺势而为之；同时创业者也要不断地推出个性化产品，其中包括"产品品牌、服务质量、产品特性"等，只有这样，才能在未来的市场竞争中站稳脚跟。在产品上，及时推出创新型产品，得到市场的认可与青睐；经营上，具备良好的市场洞察力，熟知市场需求，依据各区域之间的特性，及时调整作战方案。这就要求创业者有极高的管理能力和综合素养。企业创办期间，需要创业者扮演经营者、生产者、管理者三重身份的角色。能够在管理能力上得到提升就能够让创业活动持久发展。对于管理能力的培养，需要在实践的过程中，不断地积累经验，总结经验，为企业管理发展之路打下基础。在实行的过程中遇到的问题需要经营者能够果断地做出关键性决策；创业者从始至终都要不断地提升自我的管理水平和能力，随时保持能够让活动良性循环发展我，为消费者和社会提供专业的服务和过关的产品质量保证；创业者想要提升自身的效益管理能力就需要在创业活动中做到人员、物质、资金等完善化配置，营造良好的开展氛围，并且还需要创业者为企业以后的发展目标做合理的规划，让经营效益不断增加。

（3）社会能力的提升

创业者在实际生活中的处事能力，完全取决于自身的社交能力和沟通能力，创业活动展开的前提就是拥有很好的社交能力，想要作为一名优秀的创业者，在社交过程中一定要具备优秀的沟通能力。把身边的人、事、物等，利用沟通进行合理分配，让事物之间协调发展，让创办活动能够顺利地进行做好准备工作。在一般情况下，社会交际能力主要体现在以下几个层面。

①对事物的洞察和高效的判断。企业创办者在开创的过程中，必须要具备一定的洞察能力和高效的判断能开，这样才能在事情的决策上思考后所出现的解决方案都是拥有独立思维的表现，面对市场的不断变化，创业者需要随时保持清晰的头脑，遇到问题需要三思而后行，为所面临的挑战做好准备。

②极强的操作能力。企业创办的先决条件就是需要经营者在管理和发展过程中，具有极强的操作能力，一般情况下，凡是能够创业成功的人都具备超强的自主动手能力和操作能力。

③决策能力。在面对瞬息万变的市场时，创业者在创业活动开始初期需要进行方案选择、目标明确等能力，在信息时代的背景下决策能力显得尤为重要。根据市场调查研究发现，创业者在面临相对复杂的问题和，所面临的风险，创业者能够准确做出决策对创业活动未来发展非常重要，找出问题所在，做出风险评测，同时在发展的趋势中找到合理的解决方案，这才是成功的创业者。

④组织协调能力。能够有效地组织协调才能够保障创业活动顺利展开。作为一名优秀的创业者需要组织协调好和部门对于人力物力、财力的合理化分配利用；能够对创业活动中产生的问题及时做好应对处理。只有各部门之间能够协调发展，才能实现资源利用最大化，在企业内能够形成良好的凝聚力，各项工作的发展才能统一发展。

⑤社交能力。创业者能够拥有良好的沟通能力与消费者、企业职员、投资商等做好相对应的交往，保证之间能够互利共惠，同时人际交往能力也是展开创业活动主为主要的保证。作为一名合格的创业者，需要对身边的事情做好合理安排，利用自身的优势，增加外围社交人群的帮助，同时借助交往中社会各界的力量来保障创业活动能够健康地发展，为其做好支持和帮助。

2. 充分利用创业优惠政策

目前各级政府重要议程就是如何支持大学生进行创业。这些年来各级政府有关部门针对大学生创业，断断续续出台了很多鼓励政策，并且，大学生在工商进行注册也开通了便捷的通道，对于高校毕业生所从事的个体经营审批采取优先注册登记，针对所申请人可以在资料筹集之前预先拿到营业执照，放宽对大学生的待遇，可以让其在三个月内筹集好像对应的资料进行补齐。按照大学生注册资本可以抵充45%的相关条件如下：以大学生所得专利，人力资本、工业产权等作为申请设立的公司，面对大学生个体经营可享受三年内"免收税、免收登记费、免收管理费"等相关费用的优惠政策。自批准一年之内的大学生在招聘人力时，可以享受免费在政府机构获得相关信息和发布信息。企业所需要的人才，可以享受政府机关和中介服务机构对相关人员进行免费的技能知识培训，两年内为企业免费保管人事档案；虽然在操作的过程中，比较麻烦，还会出现相关设施不够一致。但是其在自主创业的同时要把这些优惠政策熟知牢记，灵活运用到实践中，也就是说，有关高校要对在校大学生讲解政策有关扶持政策，让大学生能够把这些优惠政策牢记在心中，同样，政府部门也要起到一定的引导作用，以便大学生在创业过程中能够得到试试运用。把政府对于大学生创业的政策贯彻落实到实际中，让大学生勇敢地迈出创业第一步，帮助大学生进行创业。

3. 树立团队意识

"创业除了自己成功，也要让别人成功"这是新东方教育集团俞敏洪所说的话。简单来讲，一个人的力量毕竟比较单薄，遇到事情没有商讨的余地，只有实现团队合作，才能实现企业良好发展，呈现合作共赢的局面。大学生想要进行自主创业，需要寻找一些志同道合的同学，组建团队，大家都具备一定的专业能力以及知识技能，心往一处想，劲往一处使，让团队之间能够互补发展，形成良好的凝聚力。这样才能实现创办的企业长期发展，取得一定的成果。

（二）学校方面

1. 从理论方面加强创业风险培训

学校方面需要逐渐加强对于学生创业风险的培训课程，并且在对于学生创业风险意识进行强化培训的时候，需要结合学生本身的专业类型以及专业素质两个方面来增加相应的培训课程，组织学生进行创业讲座以及各种创业辅导课程对创业的风险内容进行实时的宣讲活动。再结合专家有针对性的指导，从而使得大学生在进行创业的时候，能够对创业这个过程有一个较为清楚的认知，强化学生对于风险的管理能力，逐步对创业相关的运营机制进行完善，为大学生创业提供良好的理论环境。

2. 从实践方面加强创业风险培训

高校既要注重大学生专业知识教育，又要注重大学生社会经验的培养以及创业精神的培养。

一方面，可以激发其自身的潜能，丰富知识水平面，用市场典型的案例为其进行分析解答，给大学生打下坚实的经验基础。同时，诚邀社会各界精英以及发展较好的企业负责人，定期做好在校内开展相关宣传、培训、传授经验等活动，为其分析整个市场的环境，引导大学生毕业之后的创业思路，这样就可以有效的提升其自主创业的精神，丰富大学生社会经验以及创业企业经验基础，培养大学生自主能力和专业知识能力，激发大学生创新潜能，增强团队合作精神，在这样的环境中，实现快速成长。

另一方面，培养大学生对企业的认知、熟知企业发展观、创办企业的流程以及企业正常运营中各项工作要领。利用企业现状，让其对创办企业有更深层次的认识，满足现状大学生创业需求。坚持以培养新一代大学生创新型企业为主的，利用现实与教育，为国家创造出更多有能力、有闯劲的新时代花朵！

（三）政府方面

1. 建立完善的政策扶持体系

国家以及政府针对大学生创业的问题，颁布了相当多的优惠政策，这些优惠政策几乎包含了所有创业之前面临的问题。比如，企业经营培训、开放大学生借款贷款、凭大学生证书到当地政府领取创业基金等等。而地方也配合国家的政策出台了各种相关的规定，以此给大学生的创业提供更多的便利之处。国务院曾经就大学生创业问题下达过专门的文件，其中规定凡是拥有大学毕业证书的学生，想要自行创业都可以享受国家给予的特殊税收政策。符合这种规定的大学生，是从该学生毕业年的年初1月1号到年底12月31号，其中这部分的优惠政策主要包含了以下几点：凡是从事于个体经营创业的大学生，在三年之内包含营业、教育以及个人工作方面所需要缴纳的税收，每次单笔不得超过8000元，而超出8000元的这部分税收可以按照规定进行减免。此外文件还对于大学生创业贷款进行了一系列的规定，想要自主创业的大学生可以享受小额信贷，整个过程无须担保条件，想要创建企业的大学生能够享受到单笔单款额度不超过 10 万元的无息贷款，但是在国家的相关政策方面，很多统计比较的模糊，因此国家需要根据大学生创业的细化给予定向服务，只有这样，大学生才能勇敢创业。地方政府也需要依据当地的情况，为大学生创业开通绿色通道，用实际行动去帮扶大学生自主创业。比如对于大学生申请创业贷款的时候，尽可能简化所需要的手续，为大学生减免一部分行政收费，同时，借鉴当地发展比较好的企业相关经验，为大学生创办的企业提供相应的扶持，让经营过程遇到的问题得到有效的解决。

2. 加大对于大学生创业的贷款扶持

在近些年的发展以来，我国商业银行在对于大学生创业方面给予了非常大的资金帮助，其中相关政策如下。

①对于那些在毕业两年之内进行创业的大学生所进行的创业贷款能够提供分期到付的政策，在这之中有明确地指出，如果大学生注册的公司资金没有超出 50 万元，那么大学生可以采用分期付款的形式，首付必须要大于其企业注册资金的 10% 以上，也就是 5 万元以上，包含 5 万元。这 5 万元必须要在一年之内交出，并且尾款需要三年内还清，假设要是遇到突发状况，导致三年内没有换上，必须要还上大于总注册资金的 50%。

②大学生创办的企业从事在技术公司、咨询公司、信息公司等公司，可以享受三年内减免税收的政策；从事交通运输业、电子通信等行业的公司，得到政府批准后，可以享受一年免税收，第二年税收减半的优惠政策；所从事的对外贸易行业、教育文化行业、旅游行业等等行业的大学生创办的企业，经过政府批准可以享受优惠政策一年免税收。

③大学生想要自主创业，缺乏资金，可以通过国家体系的银行进行小额信贷。像乡镇农业银行、工商银行、建设银行等等，在办理贷款时，银行会为其开通绿色通道，方便办理相关业务，同时所贷款项高于 5 万元，作为大学生创业的启动资金，环环相扣，鼓励大学生创办企业，所有的贷款利息，均以中国人民银行的低利息为主，减少大学生企业利率负担，全方位支持其创业。

根据上文所描述的情况来看，银行在对于大学生创业方面的政策相对还是比较完善的，但是在对于大学生创业的金融贷款方面，有很多的金融机构对于大学生创业没有设置专门的业务流程，并且大学生从学校毕业，更是缺少社会经验，并且也没有固定资产也可抵押，促使大学生创业贷款的风险远远超出其他的贷款中的风险，因此金融机构对于大学生创业贷款的是不会轻易地进行的。

因此，对于银行的这部分扶持政策需要真切的落到实处，对那些符合条件的创业贷款应该将能够贷款的额度进行适当的调整，让大学生自主贷款的流程简化，信用审批环节提升效率。我国针对大学生创业贷款时，有关扶持政策中有明确指出，银行方面应该给予有限的特权，并简化他们的审批手续，最大程度地降低贷款所需要资质的限制。国家对于大学生创业，虽然颁布了很多优惠政策，但是这些政策背后都包含了非常复杂的审批程序，对于刚出社会的大学生而言，这些政策是非常遥远的，因为必须要将这些手续进行适当的简化，才能在最大程度上增加对于大学生创业的支持力度。

第五章 大学生创业资源与创业模式

大学生是"大众创业，万众创新"的主力军。大学生在高度动态的创业过程中保持商机、资源、创业团队之间的动态性、连续性和互动性，提升创新能力和创业竞争力，以及商业模式的创新与构建是其创业成功的关键。资源相对匮乏但学习主动性和学习能力较强的大学生创业者，更容易利用其探索式学习和利用式学习的能力推动商业模式的创新。本章分为大学生创业资源与融资、大学生创业的商业模式两部分，主要包括资源基础理论、大学生创业融资概述、商业模式概述等方面。

第一节 大学生创业资源与融资

一、大学生创业资源

（一）资源基础理论

1. 资源的界定

要深入的理解资源基础理论，首先要对于资源进行深入的理解和界定。蔡莉、柳青年的研究中指出资源是企业创建、成长和扩张的基础，并将创业资源分为人力资源、物质资源、技术资源、财务资源、市场资源和组织资源六种类型。查特吉（Chatterjee）和伯格·沃纳菲尔特（B.Wernerfet）根据已有的文献将资源分为三类：有形资源，无形资源以及财务资源。由于无形资源的存在，学者们没有刻意地区分有形资源和财务资源之间的区别。

格兰特（Grant）将无形资源划分了四个维度：人力资源、科技资源、名誉和组织资产。组织嵌入式的无形资产在早期文献中也有被称为隐性知识，经验、名誉、期望和组织惯例及技能。另一方面，霍尔（Hall）将无形资源分为资产或能力，其中无形资产包括有的能力，这典型的是可调整的（如专利）或有地位的（如声誉），而无形的技能或能力则与执行管理、文化或组织能力等"做"的能力息息相关。此外，无形的技能通常是依靠人的，而无形的资产则与人无关。

对于资源、技能和能力一直都没有一个清晰的界定。埃米特（Amit）和休梅克（Schoemaker）定义资源为公司拥有或控制的股票可用因子。这些资源包括可以交易的东西（如专利和牌照），金融或实物资产（如物业，厂房及设备）以及人力资本等。他们都将能力定义为企业调配资源的能力，而这取决于一个公司通过人力资本如何进行开发、承载和交换信息的。这种以信息为根基的能力就是"无形资产"。

对于资源的界定不清晰主要是因为资源基础理论的广泛应用造成的。还有一种说法认为不是所有的资源都能够为企业带来竞争优势，而这种竞争优势体现在超乎寻常。

2. 资源基础理论

资源基础理论归根到底是一种竞争优势理论，对于竞争优势，不同的研究学派也有不同看法。古典经济学设定市场中的资源可以自由流动，企业也可以自由进出，信息完全对称无法令企业产生追求超额利润的动力，组织之间的生产要素配置会渐渐趋同，利润相差无几，市场达到均衡，形成了零竞争优势。但现实中利润差异是客观存在的，市场无法达到完美均衡。产业结构学派认为，行业的进出障碍、资源分布情况决定了企业利润，创业者可以首先通过分析产业情况选择合适的行业进入，之后配合一系列竞争战略来获取竞争优势。产业结构学派的观点更加强调不同的竞争优势来自不同的产业结构特点。但从长期来看，同一产业内部利润的差异程度比不同产业之间的利润差异程度要大得多，因此最关键的超额利润来源还是在于创业企业自身的。基于此，有学者提出创业企业的竞争优势更受自身因素的影响，应该将竞争优势的来源集中于内部因素，从资源的角度来探讨竞争优势。彭罗斯认为资源是决定企业的发展盈利的重要因素。资源影响绩效，这就是资源基础理论的关键。

值得注意的是不是所有资源都可以形成竞争优势，只有具有价值的在一定程度上稀缺的，无法被模仿代替的资源才能在复杂动态的外部环境中，机遇与风险并存的市场上为创业者带来利益。回顾资源基础理论的分析框架，资源能够令创业者掌握竞争优势的关键在于资源的分布是不均衡的，资源在经营主体之间不完全流动、限制资源的事前事后竞争。具体来说可以是创业者突出的个人能力、管理技能、无形资产以及组织的制度文化、人力资源、信息技术等。

在资源基础理论中,资源是中心,资源的获取与组合是影响绩效的核心因素。

另外,根据资源基础理论的观点,组织是一个拥有着独特的能力和特殊资源的综合体,在组织的发展中会因为组织资源的不同,从而给组织带来不同于其他组织的影响力和竞争力,在企业运行中,不仅重视外部价值的开发,更重要的是要关注企业内部价值的发现和挖掘。资源基础理论的发展大致可以分以下三个阶段:第一阶段,在这个阶段具有独特性、稀缺性、价值性、不可替代性对于企业在市场中具有竞争力来说是至关重要的;第二阶段,其一是以彼得拉夫(Peteraf)为代表的观点,该学者提出了"李嘉图租金"的概念,并结合市场环境对企业进行分析,他认为具有优势要素的企业在短期内的资源供给在一定程度上给企业带来经济租金,但是企业在发展的过程中不能持续的保持资源基础的独特性,在以后的发展中随着竞争者的不断加入,企业就会失去竞争优势,经济租金也会随着消失,只能得到正常的经营利润。其二是以巴尼(Barmey)为代表的观点,该观点认为,资源的异质性对企业非常重要,企业拥有了异质性的资源,在市场中自然就有了竞争优势,而这种优势使其他竞争对手不可模仿和复制的;第三阶段,普拉哈拉德(Prahalad)等提出了公司核心能力理论,在这个阶段核心能力理论的出现极大地促进了资源理论的发展。企业所拥有的资源不再是形成企业竞争优势的唯一要素,企业的核心知识,管理、创新、社会网络等也能够形成企业的竞争优势。

资源基础理论发展至今,从各个方面对资源基础理论的研究越来越多,其中不乏在资源基础理论的基础上进行创业研究的,比如研究资源基础与绩效的关系将资源基础理论与创业理论相结合,研究了创业能力和管理能力对创业企业取得良好绩效表现的影响。企业所拥有的资源基础对于企业在竞争市场中获得竞争优势是至关重要的,企业要合理的发掘和利用所拥有的资源基础,其中包括企业拥有的管理、知识、组织、社会关系等资源,同时不能忽视不断的技术创新给企业带来的价值,它可以为企业带来在发展中的持续竞争优势。同时在企业的运行中要关注企业内部的资源,重视对企业现有资源的开发和分配,这为研究提供了理论基础。

(二)创业资源概述

1. 创业资源的概念

表 5-1　创业资源的概念汇总表

研究者	年度	概念界定
Cave	1980	创业过程中为实现创业目标所运用的各种有形资源与无形资源的加总。
Hall	1997	企业生产经营所依赖的有形资源与无形资源的集合,其中无形资源又可以细分为技能和资产两种形态。
Dollinger	2003	创业资源是创业企业在创业活动中投入的所有要素以及要素组合。
林崇等	2005	创业企业为实现生存和发展战略目标所控制或者所支配的所有要素和要素组合,包括资产、信息、知识能力、企业属性等。
顾桥等	2005	创业过程中拥有和投入的企业内外的各种有形资源与无形资源的总和。
李宇	2009	创业资源是创业成功所依赖的重要资本。是创业过程中先后投入和利用的企业内外部有形与无形资源的加总。
刘霞	2010	创业过程中先后投入和使用的各种要素的总称。包括物质、能量和信息。
余邵忠	2012	创业资源是指企业拥有或控制的各种要素和要素组合且能促进企业生存和发展,实现组织战略目标与愿景。
王艺	2019	创业资源是企业创立过程中能够利用、控制、整合的要素及要素组合。

新创企业开展创业活动离不开资源的支持,因此,首先应从理论概念上初步认识创业资源。基于管理学视角,资源是建立在信息和知识基础之上的生产要素及组合。基于战略学视角,企业在实现自身奋斗目标的过程中,通常耗用的有形和无形的资源总和被视为创业资源;基于经济学视角,资源是指在生产过程中所有可以投入进去的要素总和,这些要素总和不仅包括有形的固定资产(厂房、机器、设备等),还包括企业本身的无形资源(声誉、品牌等);实际上,一般意义的资源包括了原材料、库存商品、设备、厂房等有形资源,还包括组织内部专利和技术等无形资源,创业领域的研究者基于不同的角度对创业资源进行了不同的解释和界定,现将概念总结如表 5-1 所示。

通过参考上述国内外学者对于创业资源概念的界定并结合研究需要,现给出创业资源的定义:新创企业从最初成立到后来成长的过程中能够拥有的要素以及要素组合,既可以是直接资源也可以是间接资源。

2. 创业资源现状研究

（1）大学生创业资源组成

首先，政府资源在大学生创业资源中占据至关重要的比重。利用国家或区域的各种扶持政策，能够有效促进大学生的创业质量和成功率。政府资源主要包括相关创业财政政策、创业融资支持以及创业服务体系。政府资源不仅可以为大学生提供一定的资金支持，还可以营造有利的创业环境。在优质的创业平台中，学生贷款流程简化，从而获得优质的创业资源；其次，企业资源可以提供更多的就业机会，搭建与之对应的产学研平台，获得岗位实践能力。大学生创业实践既可以创办企业，还可以带动更多大学生参与到企业的运营管理，提升大学生岗位实践能力，释放大学生的创新创业成果，为市场化、科学化运营提供指导。最后，在大学生创业资源中，高校创业孵化基地的作用不容小觑，通过创业教学体系，学生可以学习与积累行业经验，并做出与创业相关的尝试。高校要发挥创业教学体系、训练体系以及孵化体系的优势作用，提供一对一创业指导服务，助力大学生创业取得预期的目标。此外，大学生创业还需要社会各个领域资源的协同配合，例如家庭、金融机构、行业协会等领域。一方面，家庭需要给予积极的精神支持和必要的物质支持，另一方面，社会要健全对大学生创业资金的投入和优惠服务，并提供理论及实践的指导，形成一体化的社会资源保障体系。

（2）大学生创业资源面临的挑战

大学生阅历和人脉尚浅，资源渠道有限，缺乏足够的社会经验，很容易受到场地、资金的限制。很多大学生不具备获取资源的渠道，有形与无形初始资源不足，造成创业发展困难。一些大学生在创业前期，存在一腔热血式的理想化主义思想，对于个人技术、专业特长十分自信，然而受资源整合无力的困扰，引发创业资源效用较低。此外，大学生对国家创业支持政策了解不够深入，资源认知受限，学校所提供的创业资源参差不齐，政策资源的优势效应不明显。此外，大学生创业资源协同整合意识薄弱，缺乏团队协调作战能力，对于社会竞争的激烈性认知不足，难以把握切实有效的政策性资源，造成大学生创业后续活力受限。

（三）创业资源共享

1. 大学生创业资源共享的概念

"共享经济"最初的含义是指"合作式消费"，在互联网平台上个体互相合作分享闲置物品，传递知识经验，也可以出于商业目的或需求进行资源筹集。但随着互联网的快速发展，共享经济的定义也发生了具体的变化，李卓卓、韩静娴等明确提出共享经济的前提是闲置资源，目标是资源利用效率最大化。目前共享经济已经演变为通过互联网平台分享闲置（包括尚未得到充分利用的）的资源，满足社会需求，提高资源利用率的一种经济模式。从经济学和管理学的角度来说，资源与创新创业活动密不可分。在传统的研究中，资源共享一般被认为是资源在组织之间移动整合，解决局部资源稀缺性，实现整体平衡的过程。而随着共享经济的出现，资源共享发生了新的变化，互联网技术为更广泛范围内的资源共享提供了更大的可能。刘蕾、鄢章华认为共享经济的一个重要效应就是降低了资金成本和时间成本，提升了资源匹配效率。吴家喜也提出了共享经济对创新活动的一个重要影响就是资源优化配置，各类创新主体可以按需利用社会化的闲置资源创造更大的价值。

共享经济时代引发了新的资源共享，而大学生创业又离不开创业资源，大学生创业资源共享就是指在共享经济环境下的，大学生创业，政府、高校与社会各界通过互联网技术平台为大学生创业提供大量原本闲置或未能充分利用的各种资源要素。

2. 大学生创业资源共享的测量

关于创业资源的测量已有不少学者制订了成熟量表。林嵩、张帏等认为创业资源由直接资源与间接资源组成，直接资源指资金、人才、管理等直接参与创业活动的资源，间接资源指信息、科技、政策等间接推动创业成长的资源。大学生创业者与社会上其他创业者相比，受到的关注更多，拥有更多创业资源的可能性更大。任泽中、左广良的研究从不同来源角度对大学生创业资源进行划分，具体为政府、高校、企业与其他社会资源。大学生创业资源应是大学生在创业活动中需要的一切特定资产，是顺利开展创业活动的必要保障。大学生创业者如果可以有效识别、组织整合各类创业资源，将更有利于创业活动的成功展开。

根据刘蕾、鄢章华对目前的共享经济行业发展进行的归纳分类来看，如今的共享经济涵盖了多个行业，形成了交通资源、空间资源、物品资源、服务资源、知识教育资源、金融资源、医疗健康资源等多种形式。结合林游、张帏划分的创业资源种类！，考虑到目前已具备成熟量表可进行量化测量的资源类型，目前的大学生创业资源共享具体包括。

资金资源共享：共享经济环境下涌现了一批金融共享平台，其中以众筹网，京东众筹、众创众投等为代表的支持创业资金筹集以及股权私募的共享平台拓宽了大学生创业资金的来源。

信息资源共享：共享平台中有一类平台可以分享信息、传递信息、加速信息流通，比如文字信息分享的知乎类网站以及音像信息分享的各类直播网站。这一类共享平台可以为大学生创业者提供各个市场行业领域的信息汇集，扩大了大学生创业者的信息收集面。

科技资源共享：这一类创业资源共享以高校和政府设立的科技成果共享平台等为代表。这类平台是将高校社会未充分利用的科技资源提供给大学生创业者，缓解了大学生创业者的技术压力，本质上是属于一种科技资源的共享。

（四）大学生创业资源整合策略

1. 构建大数据资源平台

高校应该为大学生创业资源整合做好服务保障，首先获取优秀的商业计划，理性甄别商业计划提供者的建议，委托专业机构编制评估行动方案，合理预测和分析商业计划构思的可行性，不可盲目相信某种商业创意，全面对该商业计划进行论证，以期获取核心技术创业人才资源。在此基础上，充分融合数据清洗技术，应用云计算数据来集成产业变革数据，构建行之有效的创新创业服务信息。创业资源无处不在，依靠网络爬虫技术可以分析和处理网络最新的创业信息技术和内容。通过处理热点数据，精细管理网页、论坛、微博中的各项资源，提供持续更新的创业资源。与此同时对资源进行实时监控，采取定期挖掘热点信息的方式，强化对大学生创业支持服务方式的稳定性和安全性，创设预留接口全面协调搜索以及查询体系，实时化管理产业变革数据，力争决策方案的准确性。优化数据资源档案，及时录入创业资源管理系统，增强自动化识别的性能。此外借助大数据技术，做好创新创业有关政策的导向与传播工作，最大限度地挖掘其中有用信息，让更多的高校在校学生能够从国家的支持政策中获利。同时选取成功与不成功的创业案例作为对比，提取其中失败的原因和关键点，让学生创业积极性得到深度激发。

2. 构建资源平台运行体系

大数据时代，创业资源共享平台建设要改变以往指导价值不强和管理混乱的弊病，不断寻求平台界面深度优化，采取多方保障措施加强对平台的管理，拓展创业活动的参考渠道。组织专门的创业资源管理团队，增强创业活动的实效性。为了提升资源平台的应用体验质量，在板块设置环节可以采取理论学习和就业咨询相结合的方式，增强学生互动板块与最新业界动态的融合，为学生创业提供有价值的参考。依托现有创业规定和法律条例，在信息化创业平台为学生答疑解惑，并安排专职人员管理业界动态板块，学生可在平台进行留言互动，根据学生创业中出现的心理和动态变化，做好针对性地指引和帮助。在就业咨询板块，要提供最新的创业信息，推进三位一体的平台运行机制，丰富平台的创业资源，邀请专业职业生涯规划和专家学者参与互动板块，针对商业风险、行业变化为学生提供更多帮助。此外加强高校之间的合作，利用"互联网+"和云平台进行相关创业案例共享，凸显规范化和标准化职业发展的成果。

3. 及时反馈最新资源

加强高校之间合作，丰富平台创业资源，增加学生参与实践活动的机会，利用政府充足的政策支持和调控作用，设立创业资助项目，开展异彩纷呈的创业活动，依托校企合作吸引企业参与到平台建设，及时反馈最新资源，进行外部市场监管，确保创业资源平台稳定运转。进一步健全资源共享平台结构，设立富有活力的创业资助项目，以实际创业案例为依托，形成多元化的创业资源体系，形成及时反馈的最新资源，增强创业活动整体性能。此外，普通高等院校要加强与职业院校的协同，实现创业课堂一体化，便于学生提升自身视野和知识面，更有助于学生多元化创业需求的跟进。在大数据反馈机制的驱动下，既可以提升实践活动次数和效率，还可以降低高校办学成本，为后续创业资源的生成提供支持保障。

4. 创业资源共享协同运行

利用学生交流平台以及学校现有设施平台、师资平台，举办类型丰富的创新创业竞赛，形成更多的教育资源及选择，明确创业政策信息内容，利用智力知识资源将创业资源进行整合，推动平台数据资源更新。优化创业资源平台结构，予以学生更多的支持和关注。利用融资政策、商务支持政策，将政府、学校、学生打造成为三位一体的资源整合体系，形成创业资源共享新模块，发挥政策权力保障的优势，全面落实创业与就业政策。在资助方向上重点倾向于具有创新意识精神和能力的群体，让大学生与学校协同创业。为此大学生要发挥新颖性、敏锐性的特点，拓展互联网创业资源，凸显活力优势、创意优势。此外，通过人际交往获取资源，提高资源利用率，充分利用互联网资源开展创新实践，例如在网上开店、线上营销或者成为兼职创客等。

在大数据时代背景下，大学生创业资源共享平台建设迎来了新的契机。高校要把握好有利时机，加强信息化创业资源共享平台的建设，利用大数据筛选、过滤信息资源，争取更多社会资源，激发学生创业热情。拓展校内平台和校外实践平台，积极发挥自身及项目优势，提高资源吸引力，提供更多有价值的帮助。实现创业资源互补、累加，帮助学生实现数字化创业，将线上和线下资源高效整合，充实学生创业知识体系，为丰富学生沟通能力、交际能力、创业经验提供保障。

二、大学生创业融资

（一）大学生创业融资概述

1. 大学生创业融资的内涵

目前，在学术领域，关于大学生创业融资的主要内涵还没有达成较为广泛的共识。一般来说，大学生创业融资主要是指在大学生创业过程当中，通过相关的方式、方法、渠道获得创业资金的过程。相比较其他商业融资而言，大学生创业融资呈现出其自身的一些特点。

首先，创业融资大多是启动资金。大学生具备一定的知识和头脑，在进行创业的过程当中，主要缺乏较为充足的创业前的资金准备。所以，在大学生进行创业融资的过程中其融资的方向大多是启动资金。所以，大学生创业是否成功，在一定层面上取决于其前期的融资效果。

其次，创业融资呈现出阶段性特征。在大学生创业的过程当中，围绕创业前、创业中以及创业后等诸多的阶段，其创业融资也呈现出了不同的特点。例如，在创业融资的初期，其主要是为了开启创业项目；在创业融资的中期其主要的目的是扩大规模；在创业融资的后期，主要是为了更好地完善自身的市场运营体系等。

最后，创业融资处于弱势地位。在大学生进行创业的过程当中，由于自身以及外部环境等诸多层面的原因，整个市场对于大学生创业融资的支持力度并不是很大。这就在一定程度上影响了大学生创业融资的进度与效果，也导致了大学生在创业过程当中处于不利的地位。

从以上的分析中可以看出，在当前的大学生创业融资的过程当中，探讨大学生创业融资的内涵以及创业融资过程中所呈现出来的一些特点，都有着极为重要的现实意义。如何更好地开展大学生创业融资工作也已经成为该领域需要思考的一个主要问题。

2. 创业企业的商业融资形式

商业融资渠道所包含的种类众多，涵盖银行贷款、天使投资、风险投资、众筹、P2B 等多种形式，现就六种常见的商业融资形式进行介绍。

第一种，银行贷款。商业银行资金充足，是大多数企业的首选。其可以为企业提供固定资产贷款、流动资金贷款、专项贷款。但是，企业在创业初期很少使用。商业银行一般需要企业提供抵押、质押、担保，创业企业很难满足银行要求。商业银行为响应国家号召，支持创新创业，大多设立了针对创业的专项贷款。这类专项贷款的优势是：①利率相对于其他贷款优惠较大；②甚至部分省份还有贴息、无息的优惠；③除此之外，商业银行还推出了针对创业企业的信用贷款政策。它的缺点是：①银行风控严格，手续烦琐；②审批流程时间长。

第二种，天使投资。天使投资是一种参与性的风险投资，在项目选择上很大程度上取决于天使投资人的个人爱好，所以一些好的商业构思很可能获得融资。这类初创项目投资门槛较低。后期收益可能较高，符合了天使投资的要求。但是，天使投资也存在一些不足，首先，天使投资多是一次性的前期投资；其次，天使投资人会利用手中的控股权与创业者进行博弈。另外，在没有特殊关系存在的前提下，天使投资更乐忠于将资金投向风险小或者前最好的项目，这就对于创客空间的创业企业提出了更高的创意要求。

第三种，风险投资。风投在选择投资的项目时考察细致，态度谨慎。对于仅有好的创意或者刚刚起步的公司来说，风投的兴趣一般不大。风投优势在于：即使创业失败也不会产生债务；风投资金数量充足，可以满足后续的发展需要；风投可以利用自身力量帮助项目成长；风投可以为创业企业提供更多的综合服务。风投的核心目的是获利，在投资获利后，风投倾向于退出创业企业，但是我国目前并没有为风投的退出提供合理且高效的平台，所以导致风险投资者对于渴望资金的创客空间创业项目关注的多，行动却非常谨慎。

第四种，众筹。通过股权众筹，创业企业获得到资金支持，同时获得出资人背后的各类可用资源。通过奖励众筹，筹资人可以通过众筹平台推介创意项目，设置合理融资层次。出资者则根据偏好和可承受的金额有选择地进行投资。奖励众筹可以帮助创业企业在产品生产前就获得足够的资金支持，更加可以为新产品圈定粉丝群和消费群，还可以为首次的生产提供合理的销售数量支持（互联网+农业、互联网+影视模式多采取此种模式）。除此之外，债权众筹也可以帮助创业企业来获得企业发展资金支持。

第五种，平台贷款。在创业初期有时可以直接借助电商平台提供的融资渠道。常见的平台有京东和阿里小贷。京东为其平台的店铺提供了相应的供应链金融服务，其中包括了订单融资、入库单融资、应收账款融资等等。在对客户进行筛选时，平台依托电商数据有效地对融资申请者的信用水平、偿还意愿、还款能力进行分析，制定准确度极高的用户画像，进而选择可贷对象。针对创业者小额、分散、抵押担保不足的融资要求来说，是非常有效的支持。

第六种，融资租赁。融资租赁可以解决创业企业初期资金不足，进而无法购买所需要的设备进行生产的问题，是融资与融物形式的彼此相结合的筹资模式。它的主要优势有三点：首先，这种融资租赁模式对于租赁者，其本身的资金和担保要求不高。其次，通过融资租赁形式获得的设备或物资，后期将通过租金形式向外转移，降低了企业一次性付清的资金压力。再次，融资租赁属于资产负债表外融资，不会影响公司的整体资产状态，便于企业后期通过其他形式进行融资。这种融资模式在互联网+制造业类型企业中较常见。

3. 大学生创业融资准备

首先，需要了解不同的商业融资方式的差异性。例如，想要通过商业银行的专项贷款进行融资，就必须理顺公司财务关系，并且针对银行手续烦琐的问题，打出提前量；想要获得天使融资，就要积极探索天使投资人的投资偏好，充分展示核心产品的优秀创意和市场价值；如果想要选择众筹模式，就要配合产品定位，选择适合的众筹类型和众筹平台，用优秀的创意、合理的众筹设计吸引投资者。

其次，善于利用第三方平台缓解信息不对称。初创企业在产品市场占有率、还款意愿与能力、发展前景等方面存在不确定性，导致金融机构不敢贸然向创业企业提供资金援助。此时初创企业可以向金融机构提供权威第三方机构的调研报告或者有说服力的财务报告，借由外部人员的视角帮助金融机构重新认识初创企业的状况，提高获得融资的可能性。

最后，要充分利用各种平台提高知名度。大学生创业者要积极参加各种级别的创业大赛，通过参与大赛既可以实现对于初创企业本身以及产品的宣传，还可以在大赛上获得专业人士的相关建议，如果大赛获奖将取得创业资金支持。除了创业大赛之外，还可以参加各类创业沙龙以及创业座谈，交流宣传本企业之余既可能获得未来的合作伙伴，又有可能认识更多的天使投资人或者风投。

（二）大学生创业中融资问题及应对策略

1. 大学生创业融资存在的问题

在大学生进行创业融资的过程当中，其所面临的挑战主要表现在以下几个方面。

首先，融资经验不足。在进行市场融资过程当中，需要对大学生的创业项目所具有的市场经济价值进行评估。只有通过市场的评估，才能够获得投资者的认可与支持。从目前来看，大学生对于整个创业融资过程以及获得融资的相关路径缺乏必要的经验，这就直接影响了大学生创业融资的进程以及获得理想的融资效果。所以，在今后的大学生创业融资的过程当中，其还应该不断地在必要的融资经验方面进行学习与积累。

其次，融资人才不足。创业融资是一个科学的过程，需要建立在必要的人才基础上。从目前来看，大学生整体上在必要的融资管理团队建构以及相关的融资岗位设置方面缺乏专业的融资团队。这就导致了相关的创业项目在进行市场融资过程当中，由于人才数量及素养的不足，直接影响了综合的融资效果的实现。如何从人才的角度出发，夯实大学生融资的人力资源基础，显得尤为重要。

再次，融资渠道不足。在进入创业市场的过程当中，融资需要建立在丰富的融资渠道基础上。以渠道为基础进行综合层面的融资，才能更好地满足新时期大学生的创业融资需求。通过调研发现，当前大学生在进行创业融资的过程当中，对于国家的融资相关的扶持体系具有过度的依赖性，对于市场化的融资渠道了解不多，重视不够。这一点也影响了其整体的融资目标的实现。所以积极开拓融资渠道，对于大学生而言，有着极为重要的现实性意义。

总之，从以上的分析中可以看出，在当前的大学生创业融资过程当中，其自身的融资的经验、融资的人才以及融资的渠道的开拓等诸多方面还存在着一些不足。这些不足，也为今后的大学生创业融资优化发展指明了方向。

2. 大学生创业融资存在挑战的原因

（1）政府层面

对于大学生而言，积极地参与大学生创业是响应国家的号召。因此，围绕高校的大学生创业的现状以及其所存在的融资层面的诸多问题，有必要在政策助力机制等方面进行相应的优化与完善。在大学生进行创业的过程当中，政府的相关管理部门，应该围绕大学生融资的过程和大学生融资的相关困难，从政策层面进行积极的引导和支持。从目前来看，国家相关部门已通过出台一系列的支持政策来鼓励大学生积极进行创业，但是，在政策的落地以及政策的可持续性效果方面还存在着一定的不足。这使得其难以有效地发挥出政策所具有的积极性作用。所以，加大政策支持力度应该是今后解决大学生创业融资困难的一个主要路径。

（2）学校层面

在整个的大学生创业的过程当中，高校应该在教育以及相关的教学工作方面进行必要的优化与调整。其主要的出发点是满足大学生对整个的创业过程以及创业融资方法的学习需求。大学生在进行创业项目的选择以及诸多的创业项目的孵化中，其所在的高校对于大学生创业发展也扮演着重要的角色。从目前来看，高校是鼓励大学生创业的，但是，围绕大学生创业所需要的资金在必要的经验传递以及相关的融资政策的宣传等方面还存在着一定的不足。这就直接导致了大学生在具体的创业项目融资过程当中，出现了一些误区和不必要的融资挫折。所以，高校应该在今后的大学生创业融资过程当中，发挥出自身的岗位职责，在创业教育体系方面进行完善。

（3）大学生自身

在进行创业的过程当中，学生自身所拥有的融资能力以及相关的融资技巧的掌握情况都会对整个的创业融资的效果产生深远的影响。目前，大学生创业所呈现的一个主要特点就是拥有较高的创业热情，但是，其创业的经验，尤其是融资的经验还比较不足。所以，围绕大学生自身在今后的创业项目的开展以及创业融资发展中的不足进行针对性的提升，应该是该领域需要关注的另一个主要方向。总之，无论是政府层面的原因，还是学校以及大学生创业自身体系的原因，都为今后的高校大学生创业融资问题的解决提供了新的思路。

（4）创业项目本身

在大学生进行创业融资的过程当中，市场的投资者对大学生的创业项目进行了充分的论证。例如，有的大学生的创业项目是在校园经营咖啡馆，投资者就会需要考虑，大学生所在校园的人流量情况以及市场需求情况等等。还有的大学生在进行创业融资的过程当中，其创业项目的选择以及创业项目的可行性等方面依然缺乏较为完善的体系。所以，创业项目本身是否具有一定的价值是影响大学生创业融资成果的一个主要因素。

（5）社会层面

在进行融资的过程当中，需要整个社会提供必要的支持。目前，围绕大学生创业融资的支持性环境的建设以及创业融资扶持氛围的营造等方面还存在着一定的滞后性。这种社会层面的因素已经成为影响大学生创业融资顺利发展的一个重要问题。我国政府相关部门正在联合企业、学校等单位为大学生创业融资提供良好的发展平台和载体。这一点，有利于大学生创业融资活动的开展。但是，在具体的落实和实践中，相关的政策并没有发挥出其最大的作用。这一点，也不利于大学生创业融资问题的妥善解决，需要在今后的发展中进行必要的完善。

3. 大学生创业融资问题解决策略

大学生创业融资是提高大学生创业成功率的一个重要基础，为了更好地满足新时期大学生创业融资的需求，立足于大学生创业融资困难的表现以及问题产生的主要原因，在借鉴相关研究成果基础上，尝试从以下几个方面提出其今后的发展思路。

首先，加大政策宣传力度。在今后的高校大学生进行市场融资的过程当中，政府相关部门应该对大学生融资的相关体系和政策进一步注重思想层面的宣传和引导。一方面，在思想层面，加大创业的支持和鼓励；另一方面，在政策的制定和落实方面不断地进行相关部门的协调。通过这种综合层面的优化与发展，为大学生创业融资问题的解决创造更加有利的条件。在进行融资扶持政策宣传的过程当中，政府应该联合相关的企业为大学生的创业融资工作的开展提供更加细化的政策层面的支持，同时，还需要在政策的执行力方面加大力度，以此来为大学生创业融资提供更大层面的支持。

其次，完善高校创业教育体系。在当前的大学生创业融资过程当中，面临诸多的现实层面的融资困难问题。高校应该在相关的融资方法、融资策略引导方面加大必要的教育力度。通过以教育层面的完善为基础，革新高校大学生创业融资中的相关理念，引导大学生科学融资、高效融资，也应该是助力大学生有效地解决融资困难的另一个主要路径。需要强调的是，在进行高校创业教育体系的优化过程当中，高校还应该改变以往的理论灌输的做法，注重案例实践，从大学生创业身边的榜样，尤其是融资的典型榜样入手，进行相应的示范与引领。通过这种方式来助力大学生更好地提高自身的融资能力。

再次，打造专业融资团队。为了助力大学生在今后的融资过程当中获得更大的助力，大学生创业团队在进行团队的建构中，应该加大人员层面的建设，在自身融资所需要的专业人才、专业队伍等方面进行系统的打造。注重融资队伍的打造，可以帮助大学生更好地应对在今后的市场融入过程当中可能存在的诸多挑战。尤其是可以通过提高创业项目综合发展水平，从而吸引更多的资金，满足资金的流动需求。在整个的融资团队的建设以及运营的过程当中，还需要将人力资源的激励体系进行系统的完善，从而进一步地优化整个市场融资格局，满足整个大学生创业融资的需求。最后，积极拓宽融资渠道。在今后大学生进行市场融资的过程当中，不仅需要对现有的国家政策体系进行深度解读，还应该不断地把握国家所提供的相关优惠政策，在创业信用贷款方面积极进行申请。另外，大学生还应该利用自身的资源，在融资渠道的多元化以及融资渠道的相关路径方面积极进行拓宽。通过这种方式来形成较为多元的融资格局。从而有效地破解在融资过程当中所存在的渠道单一以及效果不理想的问题。

总之，在今后的大学生创业融资过程当中，需要聚焦创业融资中所面临的诸多挑战，在思想意识、团队建设、经验学习以及融资渠道拓展方面进行深入与提升。只有这样，才能使大学生在今后的融资中获得更大的市场支持。

第二节 大学生创业的商业模式

一、商业模式概述

（一）商业模式的概念

"商业模式"最早可以追溯到远古时代的经济行为，随着市场经济的发展到互联网的出现，越来越多的学者开始注意到商业模式的重要性。国内外学者对于商业模式概念的表述不尽相同，大体从以下几个视角展开定义：①基于企业的价值创造视角，史密斯（Smith）以案例为研究主线，强调商业模式是企业的组织战略向企业价值进行转换的过程，其中组织战略包含进攻市场战略、吸引消费者战略等。德米尔（Demil）和勒科克（Lecocq）认为商业模式是由内部资源与企业价值等构成，研究发现，无论采用何种商业模式，其最主要的目标都是为企业和利益相关者创造出更多的价值。李鸿磊提出商业模式是通过生产产品、消费者购买、合作伙伴之间的贸易等环节，最终实现价值创造。②基于企业的组织部门设计视角，玛格丽塔（Magretta）的研究中认为商业模式主要是以企业内部各部门之间的顺利运作为重点，反映的是不同部门之间的设计方式与合作关系。博克（Bock）等通过对107个跨国企业的样本分析显示，企业的组织结构设计过程等同于商业模式设计的过程。③基于系统视角，佐特（Zott）和阿密特（Amit）认为商业模式包括开展交易的内容、结构和治理，是围绕着企业利益相关者构成的交易系统，其本质就是商业活动系统。福斯（Foss）等指出商业模式是相互依存和相互联系的活动系统。

综合上述国内外学者对商业模式定义的研究，主要参照学者佐特和阿密特的成果给出商业模式的概念：企业通过与上下游利益相关者开展合作、识别商业机会、合理配置资源等挖掘并满足顾客的真实需求，从而实现价值创造的一种交易系统。

（二）商业模式创新

1. 商业模式创新的概念

在梳理了商业模式的概念后，有助于加深我们对商业模式创新概念的研究。现阶段，学术界和商业界对商业模式创新的作用越发关注，但所提到的概念却大不相同，出发视角不同定义也不相同：①基于企业的创新视角，佐特和阿密特认为商业模式创新是个整体性概念，描述企业现阶段进行的创新是前所未有的颠覆式的一种创新，强调的是新颖，与传统创新有着明显的不同。科尔蒂米利亚（Cortimiglia）等在其研究中将商业模式创新的构成形式划分为两种：一是设计出全新的商业模式，二是对企业现在的商业模式进行开发。②基于战略视角，哈默尔（Hamel）认为企业进行商业模式创新就是制定出新的发展战略，这种形式的创新能够帮助企业打破现有的商业竞争规则，从而为企业和利益相关者创造出更大的价值，并且指出各个企业之间的竞争实质上就是商业模式的竞争。佐特和阿密特在其研究中给出定义：是重新界定和重新实施经济交易方式，即以一种全新的方式展开交易。莎拉（Aspara）等将商业模式创新定义为通过重塑交易系统彻底改变商业规则的创新，其是一种潜在的战略导向。伊利亚（Elia）等也认为商业模式创新主要体现在企业的战略行为上。③基于价值创造视角，奥斯特沃德（Osterwalder）把商业模式创新看作是一种基于多方面内容的重新设计，其中商业模式创新最重要的内容就是实现顾客价值。谢（Tse）指出，商业模式创新的最主要意义是满足顾客需求，重视顾客的潜在需求能够为企业创造良好的绩效。

基于已有文献，学者们对商业模式创新的概念并没有给出一致结论。结合佐特和阿密特的定义，并考虑到新创企业这一研究对象，将商业模式创新定义为：采用新颖方式在企业与上下游利益相关者之间展开交易，探索出企业价值获取的新方式。

2. 商业模式创新的维度分析

商业模式创新虽然受到学术界和商业界的不断关注，但是对其维度划分仍然处于早期不成熟阶段。在回顾并阅读了国内外相关文献之后，将学者们的研究总结如下：在佐特和阿密特的研究中，商业模式创新主要分为：新颖型商业模式（新颖的交易方式）和效率型商业模式（较低的交易成本），这种划分方式被大多数学者借鉴。哈伯泰(Habtay)基于市场和技术角度划分商业模式创新，包含市场驱动型和技术驱动型。随后，郭（Guo）等和迟考勋等在佐特和阿密特的研究基础之上，把商业模式创新定义为新颖型商业模式，也就是将商业模式创新视为单维变量。刘建国在其研究中，也认同佐特和阿密特两位学者对商业模式创新的维度划分。

虽然商业模式创新近些年才发展起来，学术界尚未形成统一的定义，但是佐特和阿密特对于商业模式创新的研究被学者们广泛认同，其划分方式被众多学者作为参考，其中的新颖型商业模式更是被学者们借鉴，用来定义商业模式创新。

3. 商业模式创新的中介作用

从核心变量间的逻辑关系来看，创业资源是商业模式创新的重要基础条件，而商业模式创新对新创企业绩效具有重要作用。企业资源的储备情况一定程度上会限制新创企业进行商业模式创新，也就是说，商业模式的创新依赖于企业现有的资源，其可以通过对现有资源的整合和创造性利用影响新创企业绩效。创业者采用新颖方式开展交易的过程中，一方面，切斯布洛（Chesbrough）和罗森布鲁姆（Rosenbloom）曾指出，新创企业通过有效结合产品、信息和服务带来了更多的交易种类，增加了交易数量，进而增加了企业价值；另一方面，通过商业模式创新降低交易成本，促进企业获取更多的价值。在创业的整个过程中，新创企业通过整合和利用各种创业资源，积极推动商业模式创新，从而为企业创造出更多的超值价值。

无论是采用何种设计主题的商业模式，都能够提升企业价值，实现良好的绩效。郭等在其研究中发现，新颖型商业模式创新对于企业提升绩效具有重要作用，所以，我们可以得出，增加企业绩效的关键影响因素之一就是商业模式创新。除此之外，莫里斯（Morris）认为，企业进行商业模式创新需要资源的配合，创业资源为商业模式创新提供支持和保障，并且丰富的创业资源能够为企业进行商业模式创新创造更多的可能。所以，商业模式创新的关键影响因素之一就是创业资源。创业资源与商业模式创新、商业模式创新与新创企业绩效之间存在着明显的相关关系。因此，我们可以推出，商业模式创新可以通过整合和创造性利用现有企业资源从而为企业创造出超值的价值，实现新创企业绩效的提升。

4. 创业资源与商业模式创新

开展有效的商业模式创新总是建立在企业的资源基础之上，通过资源与能力的集合产生企业价值，在创业资源较为丰富的情况下，能为商业模式创新提供各方面的资源支持，莫里斯认为，与企业内部资源相匹配的商业模式创新能够为企业创造超值的价值，企业要进行创新，就需要创业资源的配合。商业模式创新能为企业带来竞争优势提升企业绩效，其根本原因在于企业对现有手边资源的有效整合和创造性利用，提高了资源的使用效率。同时，不同丰富程度的创业资源往往会影响商业模式的创新。

资金资源对企业的生产经营过程很重要，企业的平稳运行离不开资金融通，商业模式创新更是需要资金资源的支持才能得以顺利开展。人才资源作为企业的一种无形资源，能为企业带来竞争优势和高绩效，人才资源越是丰富，就越有利于商业模式创新概念和流程的顺利推行。管理资源通常包括创业者或者创业团队的工作经历、知识积累、掌握的管理经验和管理能力等，又被视为创业技能，拥有丰富的管理资源，易于建立更为优化的商业模式，易于集中创业者以及创业团队的不同优势，顺利开展商业模式创新。

科技资源是企业内部所拥有的自主知识产权、技术研发等，丰富的科技资源在组织交易的内容、结构和治理方面会发挥重要作用。信息资源包含企业内部信息和外部（竞争者）信息，企业掌握的信息资源量越多，越有利于挖掘到利益相关者的真正需求，越善于在商业模式的创新上做出准确的决策和行动。政策资源是以政府为主体企业所能获取的资源，包含了优惠政策、创业培训及辅导政策等的制定，这种间接资源无疑也为商业模式创新提供资源支持，创新的顺利开展离不开政策的支持。

二、创业企业商业模式

（一）创业企业商业模式模型

1. 国外创业企业商业模式模型

莫里斯等从创业实践中成功的企业出发，提出了一个包含价值创造、目标顾客、内部优势、内部能力、盈利模式和投资模式的商业模式的六要素模型。并指出，无论企业的风险类型如何，这些商业模式的构件都属于经济、战略、财务三个级别。

乔治（George）和博克回顾了之前的研究，并以创业的视角重构了商业模式。他们依据对151项调查的语篇分析与编码，将商业模式定义为资源结构、交易结构和价值结构三个维度。并进一步讨论了维度优势对企业特征和行为性质的影响。资源结构是指利用公司组织、生产技术和核心资源为顾客服务的静态体系结构；交易结构是指决定与合作伙伴和涉众方进行关键事务的组织配置；价值结构则是决定企业价值创造和获取活动的规则、期望和机制系统明。同时，资源、交易和价值结构并不是独立运行的，组织是由基础设施、资源和人之间交互组成的复杂系统。该研究还建立了创业企业商业模式结构对规模经济、范围经济和合法化效应影响的基础模型，也为创业认知研究与组织增长研究架起了桥梁。

2. 国内创业企业商业模式模型

王迎军和韩炜采用民族志的研究方法对单一案例进行了深入分析，他们认为，新创企业的商业模式模型结构往往比较简洁，通常只包含市场定位、经营过程和利润模式三个要素。而企业的发展和商业模式的建立并不是静态的，而是一个共生演化、不断调整变化的过程。此外，商业模式也可作为新创企业成长过程阶段划分的新依据。

余来文则在文献梳理的基础上建立了一个七个要素的商业模式模型，其中，创业团队与创业精神是创业企业活动的根源和开端。在大多数情况下，创业团队首先寻求的是创意能力与核心技术。核心技术在创意能力的驱动下形成企业创新，并在现实中依托一个盈利模式系统，将创新价值转化为经济价值。同时，企业的战略定位与行业选择和创业融资与风险投资是促成创业企业成功的重要外部条件。具体如图 5-1 所示。

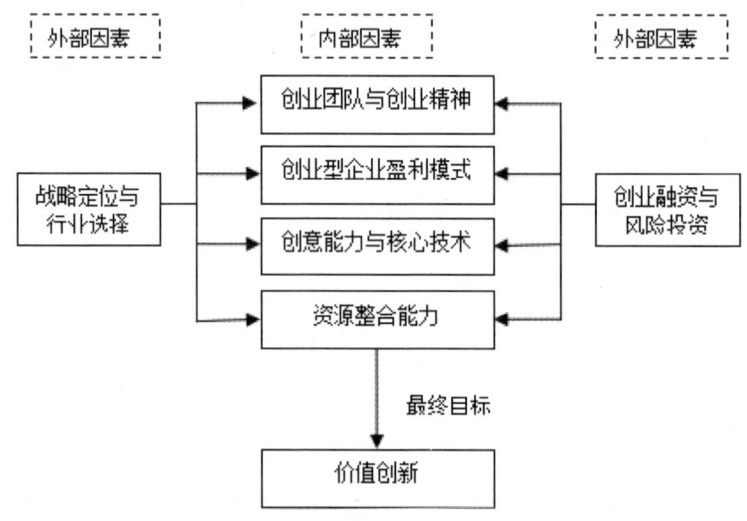

图 5-1 创业型企业商业模式模型

（二）创业企业商业模式构建

1. 创业企业资源开发

创业企业资源开发比较有代表性的研究主要有以下几位：布拉什（Brush）认为，创业资源分为人力、社会、财务、物理、技术和组织六种类型。资源开发路径基于资源分析、资源开发轨迹的工具类型、维度和应用程序，需要创建一个扩展个人资源到组织资源的基础结构。进一步地，利希滕斯坦（Lichtenstein）结合资源基础理论，纵向讨论了新创企业识别和获取资源、部署分配活动对公司成长的作用关系。研究确定了最常见的突出的资源类型、资源的主要变化类型，以及将这种变化类型与每家公司短期业绩结果联系起来的对应模式。贝克（Baker）则通过观察很多新创企业基于一点仅有资源实施从无到有的过程，提出了新创企业在创业过程中动态开发资源的观点，并指出新创企业需要通过集中、获取、整合和转化等方式来开发资源，同时，还关注各种方式之间的动态反馈。

2. 创业企业商业模式构建

创业企业商业模式的构建是一个不断调整的过程。创业企业商业模式的构建过程遵循企业能力与市场匹配的内在逻辑，是企业能力边界和市场边界不断拓展来实现的。市场边界拓展的主要方式包括宣传价值观、传播故事和展示领导力；企业能力边界拓展的主要方式包括引入战略伙伴、关系性治理和参与规则制定。张敬伟等基于新创企业商业模式构建与企业成长是一个共生演化过程的观点，选取了三个针对性的案例，采用纵向研究的方法，对其商业模式构建过程进行深入分析。结果表明，商业模式构建过程由启动、重构和确立三个阶段组成，且新创企业在不同阶段的核心任务和应对不确定性的策略各不同。构建过程是一个定义公司业务、探索业务经营方式，最后到实现业务运营落地并持续发展的过程。在运行中，商业模式的调整往往从市场定位开始，再逐步涉及其他维度。云乐鑫、杨俊等则以组织变革中的原型理论为基础，以4家海归创业企业为案例，探索了海龟创业下创新型商业模式模型的生成机制，并构建了海归创业企业创新型商业模式模型的生成机制模型。

可以看出，现有的直接描述创业企业商业模式模型的研究较少，国外研究主要是采用创业的研究视角，而国内的研究多采用对已有研究逻辑概括的研究方法，此领域的研究都显得不够完备和充分。创业企业商业模式构建过程的资源开发与构建机制的相关研究，涉及了大学生创业企业的诸多关键条件与特点，但缺乏较为综合具体的大学生创业商业模式模型来描述总结这一特有现象。

（三）"互联网+"创业商业模式

"互联网+"代表着一种新的经济形态，它主要是指依托互联网通信信息技术实现互联网与传统产业的深度联合，以优化生产要素、提高生产效率、重构商业模式等途径来完成经济转型升级。而创业活动作为一国经济最有活力的经济活动，不可避免地会受到互联网发展的广泛影响。依据研究目的和内容，下面从"互联网+"对创业的影响和"互联网+"商业模式两个方面进行相关文献回顾。

1. "互联网+"对创业的影响

（1）"互联网+"对创业环境的影响

互联网对创业环境的影响主要体现在技术层面，不少外国学者对此展开了实证研究。1998-2002年美国社区层面的数据进行了宽带与新创企业之间的实证分析，其研究结果表明，在美国拥有宽带的互联网社区与没有拥有宽带的社区相比，其创业企业数量增长明显。杨善林等则从资源观的理论角度出发，将互联网的发展划分为三个时代：技术互联网时代、平台型互联网时代和资源型互联网时代，并进一步指出随着互联网的内涵和外延不断丰富和扩展，互联网不仅仅是一类技术体统或应用平台，其资源性的特征在经济社会系统的环境中表现会日益显著。邱泽奇等则从互联网资本的角度，讨论了互联网发展下大数据环境下的数据红利问题。他指出，互联网时代下上网用户可以利用自己互联网资本的规模化、差异化运用获得互联网红利。

（2）"互联网+"对创业机会的影响

史蒂文森（Stevenson）和甘珀特（Gumpert）将影响创业机会的外部环境因素概括成四个方面：技术、市场、政府的法规及管制标准和社会价值观。新技术往往会破坏市场中的旧均衡，从而出现大量的创业机会。而在新的生产流程、新的市场、新的产品和新组织的涌现过程中，企业家精神起着最重要的作用。

塞蒙松（Saemundsson）和达尔斯特兰（Dahlstran）将创新程度作为标准，采用技术和市场两个维度，把创业机会划分为四类，具体如图5-2所示。

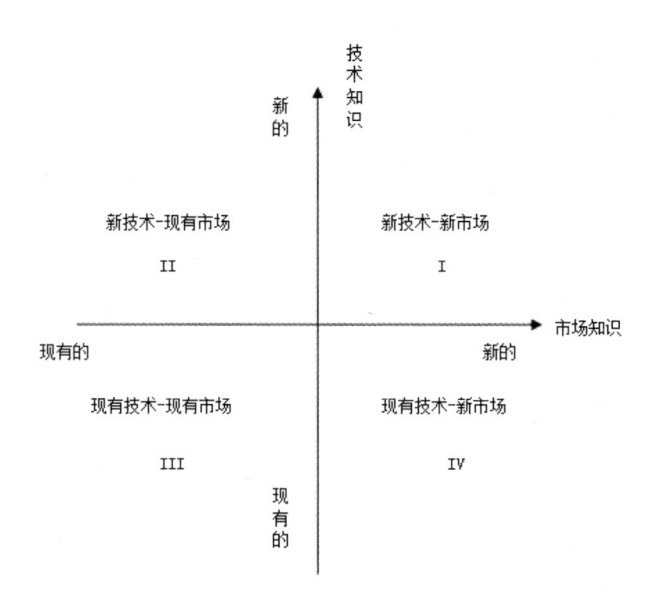

第五章　大学生创业资源与创业模式

```
              技术知识
                新的
                 │
   新技术-现有市场  │  新技术-新市场
         II      │      I
                 │
─────────────────┼───────────────── 市场知识
      现有的      │      新的
                 │
   现有技术-现有市场│  现有技术-新市场
        III      │      IV
                 │
                现有的
```

图 5-2　创业机会维度模型

首先，正如第 II 象限所示，在现有市场中利用已有技术所进行的创业机会活动，这类情况下，大部分都是导致循序渐进的创新。第二，如第 II 象限所示，创业机会也可以是基于现有市场环境下，因为技术的突破或创新，研发出适合或填补市场的新产品，或现有市场产品做功能性能的改良。第三，如第 IV 象限所示，现有技术未有重大突破，而是基于开发出来新市场新消费需求从而产生的创业机会，这往往会导致新的行业或细分领域的兴起。第四，如第 I 象限所示，因为技术的重大突破和挖掘了新市场而产生的创业机会，这往往会导致重大的行业创新。

科特尼克（Kotnik）and 斯特拉特（Stritar）则基于斯洛文尼亚对 26 个行业的面板数据，将新企业占已有企业数位作为进入率，把企业中使用互联网宽带的员工比例作为企业 ICT 的使用程度，实证研究了 ICT 对创业活动的影响。结果表明，ICT 既可以减轻中小企业和新创年轻企业的不足，降低成本，还可以成为创业机会的来源。

2."互联网+"商业模式

柴玉珂、顾晓敏基于重复博弈的视角，指出在"互联网+"的驱动下，企业的运营程序会在许多层面（例如市场营销、市场运营、企业文化等）发生较大的变化。因而构建了"互联网+"创新驱动下企业运行机制，并进一步阐述了"互联网+"对企业运行机制的重要影响，从而提出了相关建议，如图 5-3 所示。

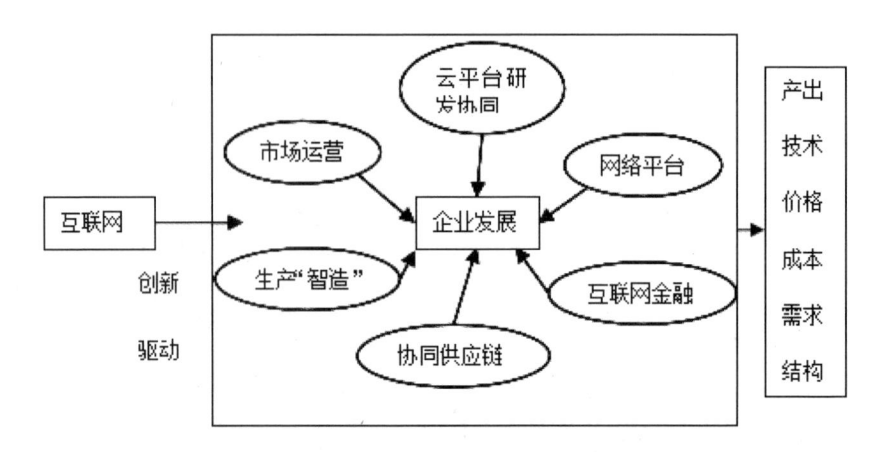

图 5-3 "互联网+"创新驱动下企业运行机制

罗珉和李亮宇从价值创造的视角，在理论层面讨论了互联网时代下商业模式的不同。他们对商业模式的关键要素进行了深入描述，并进一步指出，在互联网时代下，企业的商业模式逐渐由传统的供给导向变成了以顾客为中心的需求导向，社群平台发展成为企业新的竞争壁垒。他们在研究中描述了互联网时代下的商业模式的变化，但并没有从深层次解释社群平台背后的演化逻辑。

赵振基于破坏性创造的视角，讨论了企业"互联网+"下跨界经营的企业运营模式。他指出，随着互联网的不断渗透和发展，产业结构逐渐被去中心化，社会生活逐渐物联网化，同时企业的经济运营活动也逐渐数据化。"互联网+"实际上是实体经济与互联网虚拟经济相融合的"跨界经营"现象，进而提出了制造生态圈、商业生态圈和研发生态圈在"互联网+"条件作用下的三重报酬递增循环。

（四）科技创业商业模式

1. 商业模式构成要素

（1）技术性价值

中国大学生科技类创业的价值主张主要体现在技术性价值上，这既是中国大学生科技类创业的价值主张的组成部分也是大学生科技类创业的主要特点。技术作为大学生科技类创业的主要突破口，是这类创业企业商业模式的最主要起点和竞争优势所在。这些拥有技术背景的大学生创业者往往在学生时代就进行着持续的技术积累，结合学校国家的研发平台和科研资源，或和国内外学校专家教授合作，往往在校期间就完成了技术的研发与突破，避免了极大创业技术风险和资金负担。

（2）价值创造

价值创造是中国大学生科技类创业企业商业模式构建行为中很重要的一步，是商业模式的核心。大学生科技类创业价值创造部分主要包含技术转化、产品调整和规模化生产三个部分。科技类创业的创业团队往往先通过技术产品或服务的转化，再根据市场的实际反馈进行产品迭代。有时也会根据新出现的应用场景，或团队创造开发出的市场应用场景研发新的不同类别的产品。在产品推出市场的同时，还要充分考虑到产品的量产能力，即产品的规模化生产的能力和对产品质量的控制能力。

（3）价值传递

价值传递作为中国大学生科技类创业商业模式很重要的一环，具体包括销售方式、扩张方式和数据壁垒三个方面。中国大学生科技类创业的销售方式主要通过直接和政府合作，承接地方政府的政府采购或基建供给，或依据研发生产出来的高科技产品寻找地区的代理合作商进行合作，或直接对海内外进行跨国销售。扩张方式即主要通过依据现有技术基础，开发不同的应用场景从而进一步地研发新型的适应市场需求的产品或服务。同时，因为大学生科技类创业的技术优势和高门槛，往往容易通过技术突破吸引多方企业优质资源的聚集，从而产生进一步地协同作用。而在大学生科技类创业进行价值传递的过程中，往往因为应用的线上化带来应用数据的积累，从而形成一定的企业竞争壁垒，这也是大学生科技类创业商业模式中的一个显著特点。

（4）政府高校支持

中国大学生科技类创业商业模式很重要的一个特点就是政府高校的支持与孵化。尤其是对大学生创业项目的科研支持，依据高校和政府资金投入的研发平台、实验室、国内外专家等资源在大学生科技类创业的初期起着十分重要的作用。同时，政府和高校近年来大力宣传的创新创业教育，在社会特别是高校营造了极为浓厚的创业氛围，这种欣欣向荣、蓬勃向上的创业气氛对大学生的创业活动起到的极大的助推作用。同时，针对一些已经技术产品或服务化得科技类企业，高校和政府往往还会引线搭桥，和地方的产业园区进行合作，助推科技类企业的孵化落地。

（5）社会性支持

中国大学生科技类创业的社会性支持主要体现在风险投资、校友支持和网络众筹三个方面。一方面，在高校里创新创业教育的同时，往往建立了一些创业校友的关系联系，这也促使很多新创企业在创业初期寻求到一些创业的校友的资金支持和经验性指导。另一方面，科技类创业企业创立初期还因其的技术优势获得了一些社会性的众筹的资金支持，但这主要体现在科技类创业企业科技转化的初期。同时，在大学生科技类企业创业和后续价值传递扩张的后期，也会吸引到风险机构的支持，主要体现在资金的支持和创业资源的搭建以及创业经验的辅导上。

（6）价值获取

中国大学生科技类创业的价值获取主要包括盈利模式和经济收益两个部分。大学生科技类创业的盈利模式相对简单，主要是通过出售或租赁所研发生产的技术性产品或提供一些针对特殊应用场景的技术性服务进行获利。而其价值获取的内容也主要体现在企业的经济收益上，同时也对行业技术的变革起到了一定的积极作用。

2. 商业模式要素关系

中国大学生"互联网+"科技创业商业模式的作用机制主要分为以下两个部分。

①从技术性价值→价值创造→价值传递→价值获取的线性发展逻辑。中国大学生"互联网+"科技创业商业模式的起点是其突出的技术性价值，围绕其技术的竞争优势，从而开始将技术产品化、服务化，进行产品调整和规模化生产的价值创造活动。价值创造以后，企业通过采取和产品服务相匹配的销售方式，构建数据壁垒，进一步地展开企业扩张。最后，将价值获取作为商业模式的落脚点。

（2）政府高校、社会力量的中介作用。在政府高校方面，对中国大学生"互联网+"科技创业商业模式最突出的支持作用体现为对技术性价值的科研支持。政府高校的科研平台和学术资源是中国大学生科技创业的最重要的支撑力量。在技术性价值到价值创造的转化过程中，政府高校不仅提供了科研支持，还提供了资金支持，同时持续对大学生进行创新创业教育。在价值创造到价值传递的过程中，政府高校除了提供资金支持，进行创新创业教育以外，还提供了一系列孵化落地的扶持措施。

在社会力量方面，校友支持和风险投资则起到了重要的中介作用。在技术性价值到价值创造的转化过程中，主要通过网络众筹、校友资源和天使投资进行支持。在价值创造到价值传递的过渡期间，企业往往初具雏形，在切实实现商业模式从0到1落地的市场化转化时，往往需要校友的资源对接、资金扶持和成熟的风险投资进行孵化支持。

（五）非科技创业企业商业模式

1. 商业模式构成要素

（1）价值主张

中国大学生非科技类创业商业模式中的价值主张主要包括市场性价值和公益性价值两个方面，具体而言，大学生非科技类的市场性价值主要体现在对细分市场的洞察与开发，从而另外开辟一个商业领域，或是针对现在消费升级背景下的市场需求变化，开发一些满足或促进消费升级的产品或服务，从而作为大学生非科技类创业商业模式的价值落脚点。

另一方面，针对一些公益性的非科技创业项目，其公益性的价值主张主要体现在帮助边缘困难群众，包括一些边远山区的贫困人群，还有一些有生理疾病或障碍的社会边缘群体，这些创业项目或服务的主要价值不是体现在经济收入上，而是体现在切实给社会困难群众带去的生活方面的更好的改变。同时，一些创业项目还利用互联网技术提供生产服务的效率性革新，搭建线上平台，帮助贫困地区精准脱贫。

（2）价值创造

大学生非科技类创业的价值创造则包含了技术转化、产品调整、规模化生产、经营顾客和协调资源五个方面。对比科技类创业，非科技创业的价值创造主要体现在对顾客的理解和经营上。具体而言，包括一些信息服务提供的平台型企业，主要通过建立社群、培养经营粉丝来创造流量端的情感性的企业黏性。此外，与科技类通过研发和生产产品和服务不同，一些非科技类的创业企业还通过协调资源间的优化配置来创造价值，这主要体现了创业者对市场的把握和组合能力。

除此特点之外，非科技类创业的价值创造同样体现在对一般技术的改良后生产，和投放市场后的产品品类调整，但是非科技类的创业项目的产品调整难度、风险和研发周期都大大低于科技类的创业项目。同时在规模化的生产上难度也是低于科技类的创业项目，但在产品的标准化上，却也会遇到许多机器无法代替所导致的标准化误差和品控风险。

（3）价值传递

中国大学生非科技类的创业商业模式的价值传递主要包括销售方式、扩张方式和竞争壁垒三个方面，但下面的具体内容和科技类创业项目却有很大的差异。对于非科技类创业项目来说，主要销售群体就是C端的消费者，所以销售方式主要通过利用互联网的线上销售、开设线下实体店销售和线下配送三个方式。同时采取了加盟合伙制、积累平台用户、建立分社和会员制分销等多种较为复杂的全方位的扩张方式。而在价值传递的途中，大学生非科技类创业企业主要通过占领用户心智，形成品牌壁垒和在供应链方面的持续深耕和积累形成企业的竞争壁垒。

（4）政府高校的支持

和大学生科技类创业项目类似，非科技类创业项目也得到了政府高校的大力支持。但和科技类创业相比，主要体现在学校的技术和资金方面的支持和企业期初的落地孵化上，还包括一些有利于创业的具体优惠政策。与科技类创业项目类似，政府高校的创新创业教育起着同样重要的作用，不仅体现在学校创业氛围的营造还包括一些创业大赛的鼓舞和引导。但与科技类创业项目不同的是，在政府和高校的扶持力度上普遍低于前者，在获取具体创业资源支持难度上也往往大于前者。

（5）社会性支持

中国大学生非科技类创业同样也得到了社会性的扶持，主要表现在校友支持、社会企业扶持和风投机构支持三个方面。具体而言，在非科技类创业企业创业项目孵化的前期，主要受到了某些社会性企业的友好性帮助，同样也包括一些来自校友的资金支持和经验性的指导。此外，在非科技类创业企业孵化后创业落地后期同样也获得了风险机构的资金上的支持和指导。但这方面的支持的资金数目和力度往往也低于非科技类创业企业的。

（6）价值获取

中国大学生非科技类创业商业模式的盈利模式主要包括盈利模式、经济收益和社会价值三个部分。具体而言，盈利模式主要包含出售公司产品、提供技术服务收费、平台的佣金收入、加盟收入、广告收入和其他收入，相比科技类创业公司而言，盈利方式更加多样化。除此之外，对比科技类创业项目，非科技类创业项目除了经济收益还获得了一定的社会价值收益。一些非科技类的创业项目在创业成功后不仅设立了社会性的公益基金还在学校设立了创业孵化基金，反哺学校的孵化教育，同时，一些公益性的非科技类创业项目本身的创业活动也具备社会的公益性价值。

2. 商业模式要素关系

中国大学生"互联网+"非科技创业商业模式的作用机制主要分为以下两个部分。

①从价值主张→价值创造→价值传递→价值获取的线性发展逻辑。中国大

学生"互联网+"非科技创业商业模式的起点是企业的价值主张，通过确立价值主张即市场性价值和公益性价值，明确企业的价值定位。确立价值主张以后，企业过渡到价值创造阶段，通过技术转化、产品调整、规模化生产等活动完成企业价值市场化的重要转化。价值创造完成以后，即通过和企业产品服务相匹配的销售方式，打造企业竞争壁垒，进行进一步地扩张发展。最后，商业模式的成功落地实施还需回归到企业的价值获取上，只有完成到价值获取，企业的价值链才真正形成。

②政府高校、社会力量的中介作用。在中国大学生"互联网+"非科技创业商业模式从价值主张到价值创造的过程中，政府高校主要提供了技术支持和资金支持，同时在校广泛展开创新创业教育。而在价值创造到价值传递的过渡时期，因为企业商业模式的初步市场化已经完成，在这一阶段，政府高校除了持续地提供创新创业教育以外，更多的则提供资金方面和孵化落地方面的支持。

社会力量方面，在商业模式从价值主张到价值创造的过程中，因为处于从0到1的重要环节，资源力量比较薄弱，则需通过社会企业的扶持、校友支持和天使投资的方式给予支持。当产品服务的价值创造基本完成，过渡到价值传递的过程中时，企业前期产品和服务的孵化风险已大大降低，前景可观，但尚未大规模盈利，此时则会吸引更多包括校友在内的风险投资机构给予进一步落地发展扶持。

（六）中国大学生"互联网+"创业商业模式

1. 商业模式构成要素

（1）价值主张

中国大学生创业商业模式的价值主张主要涵盖了科技类和非科技类的大学生创业项目，由技术性价值、市场性价值和公益性价值三部分组成。在中国大学生创业商业模式的价值主张中，涵盖了产品的研发专利、重大技术突破、所获的国际性技术大奖方面的技术性价值，同时也包含了开发细分市场、推动消费升级的市场性价值和帮助边缘群体、精准扶贫的公益性价值。这三方面不同的价值归纳了中国大学生创业商业模式的价值主张，也是中国大学生创业商业模式形成、运行的重要出发点。

（2）价值创造

中国大学生创业商业模式中的价值创造部分主要整合了科技类和非科技类创业价值创造的特点，包含技术转化、产品调整、规模化生产、经营顾客、协调资源配置五个方面。中国大学生创业商业模式中的价值创造既体现科技类创业通过技术的产品化、技术服务化后再经历产品调整、规模化生产的创造方式也包含非科技类创业通过建立社群、经营粉丝等方式经营顾客，协调资源配置来创造价值。对比传统创业项目商业模式价值创造部分，大学生"互联网＋"创业商业模式中的价值创造也体现出利用互联网信息技术，围绕顾客经营的创新实践和利用信息技术进一步提高资源利用率的价值创造新方式。

（3）价值传递

中国大学生创业商业模式中的价值传递同样涵盖了科技类创业和非科技类创业中价值传递的内容与特点，包含销售方式、扩张方式和竞争壁垒三个方面。其中销售方式，不仅包含了科技类创业项目常见的代理商分销、政府项目合作等方式也包含了非科技类创业主要通过线上销售、线下实体店和线下配送等价值传递方式。扩张方式方面，既包含了科技类创业项目开辟新的用户场景、与多方大企业展开企业合作的方式，也包含了非科技企业传统的加盟合伙制、积累平台用户、会员制分销等扩张方式。竞争壁垒方面，也同时包含了科技类创业中产生的数据壁垒和非科技类创业产生的品牌壁垒和供应链壁垒。大学生"互联网＋"创业商业模式中的价值传递部分既包含了传统价值传递的方式方法也体现出了互联网技术对销售方式、扩张方式和竞争壁垒带来的影响和改变。

（4）政府高校支持

中国大学生创业商业模式中很重要的一个外在作用条件就是政府高校对大学生创业的支持。主要体现在对大学生技术的支持、资金支持、创新创业教育和对大学生创业项目孵化落地的扶持。其中对大学生创业项目技术的支持主要体现在对科技创业项目上，也是直接作用与构造大学生创业商业模式中技术性价值主张的最重要支持条件。除此之外，政府高校对大学生创业的技术支持、资金支持和创新创业教育主要集中作用于商业模式从价值主张到创造价值的阶段。而资金支持、创新创业教育和孵化落地扶持的支持作用主要体现在价值创造到价值传递的阶段，在从价值创造到价值传递的阶段中政府高校往往更倾向于孵化落地资源条件的搭建、资金的支持而基本不再涉及对创业项目技术方面的支持。

（5）社会性支持

中国大学生创业商业模式中的社会性支持既是当下中国创业环境中的重要部分也是推动大学生创业的重要力量。整合了科技类和非科技类的创业项目支持内容，最终将中国大学生创业中的社会性支持概括归纳为社会性孵化、校友支持和风投机构支持三个部分。其中社会性孵化因为本身支持力量较为有限，所以主要出现在价值主张到价值创造的阶段，而在价值创造到价值传递的阶段则主要体现在校友支持、风投机构支持两个方面。社会性支持是推动整个社会创业活动蓬勃发展的重要支持力量，它往往比国家政府的相关扶持效率更高也更加灵活。但是，针对大学生创业项目而言，创业者往往社会经验严重不足，在这种情况下，对接社会性支持特别是风投支持也存在较强的风险性。

（6）价值获取

中国大学生创业商业模式的最后一环即为价值的获取。通过对科技类创业和非科技类创业的整合最终将价值获取部分概括归纳为盈利模式、经济价值和社会价值三个方面。其中盈利模式中既有包含科技类创业项目的出售或租赁产品、技术服务收费的主要盈利模式也包含了非科技创业项目中的平台佣金、加盟收入、广告收入等其他收入的盈利方式。既有包含科技类和非科技类的经济收益也有突出体现非科技类创业的社会性价值。

2. **商业模式要素关系**

中国大学生"互联网+"创业商业模式模型的作用机制主要分为以下两个部分。

（1）从"价值主张→价值创造→价值传递→价值获取"的线性发展逻辑

价值主张是中国大学生"互联网+"创业商业模式的起点，围绕企业不同的价值主张，企业开始逐步展开后续经营活动。确立了企业价值主张以后，企业开始进行价值创造即产品服务的市场化转化。这是企业商业模式从0到1孵化的重要一环，包含了科技和非科技项目的不同价值转化方式。当企业完成了价值创造以后，开始进入到价值传递环节，即根据不同的企业产品服务特点选择不同的销售方式，并在经营过程中构建竞争壁垒，实现企业进一步的扩展。当从价值主张到价值创造再到价值传递过程以后，企业的经营创造活动基本已经结束，随即是企业商业模式价值链上的最后一环：价值获取。价值获取是商业模式运行阶段性的落脚点，也是企业商业模式可行与否的重要观察指标。只有完成了价值获取这一环节，企业商业模式的运行逻辑才完整，同时也为下一个企业经营循环奠定了基础。

（2）政府高校和社会力量的中介作用

政府高校方面，一个重要的支持作用体现在对科技创业商业模式技术性价值的支持上。科技创业的技术门槛高，研发难度大，凭大学生群体单枪匹马往往很难取得突破性成果，所以政府高校的研发平台、科研支持显得尤为重要。在价值主张到价值创造的转化过程中，政府高校同样起着十分重要的支持作用，政府高校为大学生企业经营提供了技术、资金的支持，还在广泛展开创新创业教育，为企业经营提供指导培训，这些措施都极大地促进了企业价值主张到价值创造的转化。从价值创造到价值传递的过程中，政府高校除了继续给予资金支持，提供创新创业教育以外，还针对这一环节的落地扩张需求提供了帮助企业孵化落地的诸多支持。在社会力量方面，对中国大学生"互联网+"创业商业模式构建的支持主要体现在社会性孵化、校友支持和风险机构支持上。从价值主张到价值创造的转化过程中，因为处于商业模式形成的初期，公司资源实力十分薄弱，需要社会性力量介入进行孵化，由校友、天使投资等早期投资力量进行资金和资源的对接与扶持。在商业模式由价值创造到价值传递的过渡阶段时，企业商业模式构建已初见雏形，但仍有市场性风险，故需要校友方面和社会风险投资的继续落地扶持。

第六章 大学生创业者与创业团队组建

当前随着国家对创业者的扶持力度不断增加，高校鼓励创业的背景下，高校大学生创业者人数每年都在快速上升，但由于高校大学生缺乏工作及创业经验，对社会认知较少及准备不足等问题导致在组建创业团队的过程中或多或少地会出现问题，影响团队的创业进度。本章分为创业者与创业团队、大学生创业团队的组建两部分。主要内容包括创业者创业动机的分类、创业者的领导风格、创业团队的构成要素、创业团队的领导行为等方面。

第一节 创业者与创业团队

一、创业者创业动机的分类

矽卡岩（Skarmeas）和列奥尼多（Leonidou）从归因理论出发，发现绩效驱动和利益相关者驱动的动机正向影响消费者对企业社会责任的怀疑，而道德驱动动机与企业伪善负相关。拉特曼（Lattemann）等指出，企业实施 CSR 行为的驱动因素是内在的道德价值观和外在压力。

借鉴拉特曼的研究，把利他动机感知，划分为积极利他动机、中立利他动机和消极利他动机。消极利他动机驱动的企业由各利益相关者，如股东、顾客、员工、供应商、社区等的期望和约束驱动。随着公众对环境保护关注度的增加，以及政府对节能减排提出要求，迫使企业提升环保支出。中立利他动机的根本目标是为企业创造价值，把企业社会责任行为当作实现企业利润最大化目标的一种工具。而积极利他动机与利润最大化无关。积极利他动机是企业被道德价值观驱动，为了给社会公众增加福利或使社会公众免受某种伤害而做出的企业社会责任行为。

企业可具有一种或同时具有多种利他动机。当企业的社会责任行为被归因为积极利他动机时，社会公众认为企业从事 CSR 行为是为了解决社会问题，提升社会绩效，增加社会福利，减弱社会公众对企业伪善的质疑。当企业社会责任行为被归因为中立利他动机时，社会公众认为企业从事 CSR 行为是把 CSR 当作谋求私利的工具，可能会增强社会公众对企业伪善的怀疑。最后，当企业的社会责任行为被归因为消极利他动机时，社会公众认为企业是为了应对某种利益相关者对企业施加的压力，被迫采取 CSR 行为，可能会怀疑企业的真诚性，从而增加对企业伪善的质疑。

假设 1：积极利他动机、中立利他动机和消极利他动机是利他动机组合的三大组成部分，积极利他动机驱动的创业者以社会效益最大化为目标，中立利他动机和消极利他动机驱动的创业者以自身利益最大化为前提。

假设 2：组合策略。创业者的利他动机可选择积极利他驱动和非积极利他驱动，中立利他驱动和非中立利他驱动，消极利他驱动和非消极利他驱动。

假设 3：当创业者利他动机被归因为积极利他驱动时，会给企业带来良好声誉，当创业者利他动机被归因为中立利他和消极利他动机时，会给企业带来声誉损失。

假设 4：当创业者积极利他动机、中立利他动机、消极利他动机都为 0 时，认为创业者属于利己动机驱动。

假设 5：根据三种利他动机选择的策略，可分为 8 种情形。

二、创业者的领导风格

领导风格是影响创新意愿和创造力的关键因素之一。已有关于领导风格的研究主要探讨了交易型领导、变革型领导、家长式领导、真实型领导、魅力型领导等对团队创新绩效的影响，为领导理论的发展奠定了基础。而在中国的组织情境下，团队领导者深受传统谦卑思想的影响，往往要求领导自身和团队成员能够"敏而好学"，谦卑型领导也成了更贴近中国创业者领导实际的领导风格。但另一方面，自恋型领导日益在西方社会流行，中国创业者也或直接或间接地受到了美国式自恋文化的影响，这两种创业者领导风格对团队创造力的影响机制值得探讨。

然而，除刘牧（2014）、吕兴群（2016）、马度（2014）等在其研究中对创业者领导风格与团队绩效的关系进行了探讨外，在中国创业情境下，这两种看似矛盾的领导风格与创业团队创造力之间的关系究竟如何还鲜有研究。因此，在此选择谦卑型领导和自恋型领导作为创业者领导风格的代表，探究二者与创业团队创造力之间的作用方向和影响路径。

（一）谦卑型领导风格

1. 谦卑型领导风格的内涵

谦卑型领导（Humble Leadership）是欧文斯（Owens）等基于已有的研究和领导实践提出的"自下而上"的领导理论。戴维斯（Davis）等认为，具有谦卑型特质的领导者首先是"谦卑的人"，其次才是"谦卑的领导者"。他们能够客观地看待自我，尊重他人，对未知始终保持谦卑的态度；能够放低姿态，知人善任，充分肯定下属的付出和贡献，拥有较强的同理心；能够创造有利于组织创新的团队氛围，实现团队成员的共同学习和进步，从而促进团队绩效的提升。

也有学者对谦卑型领导的维度如何划分进行了研究。莫里斯（Morris）等通过研究发现，谦卑型领导风格主要包括自我意识、开放程度和超越意识三个维度。欧文斯等（2013）指出，谦卑型领导可以从三个方面进行概括，分别是：承认领导本身存在的不足和不完美、肯定下属的付出和长项、谦虚且富有同理心。Ou 等（2014）从认知和行为的角度展开研究，认为谦卑型领导可以通过自我意识、开放心态、追求卓越、爱才好士、推己及人以及超然的自我六个方面来体现。

综合来看，欧文斯提出的三维度模型适用范围更广，受到了学者们的支持和认同。

具体而言，学者们认为谦卑型领导首先能够对自我有充分的认识和了解，不以主观态度看待自身存在的长处和不足，敢于直面短板并保持乐观心态。其次，谦卑型领导能通过日常的举手投足发现下属的优势和长项，并给予关注和认可，能够肯定下属的付出和为团队所作的贡献，并通过公开奖励等方式激励下属和其他团队成员，营造良好的工作氛围。第三，谦卑型领导懂得积极向他人学习和请教，能够客观看待下属的意见和反馈，并通过与下属的充分交流寻找解决问题的方案。当领导的部分决策或判断出现偏差时，谦卑型领导勇于承担责任，并谦虚地向下属请教，和团队成员一起复盘总结，积累经验和教训。

综上，认同欧文斯等的观点，认为谦卑型领导是基于团队成员认知升级过程的领导风格，主要通过客观认知自我、鼓励建言行为和肯定他人付出等行为方式来激发员工的内在动机，提高员工为团队付出的意愿，建立和谐的领导—员工关系。不同于以往过分集权的领导风格，谦卑型领导是善于授权且知人善任的领导方式，是维持上下级和谐关系的重要方法。

2. 谦卑型领导风格研究进展

谦卑型领导对员工的影响已得到国内外学者的广泛关注。部分学者从谦卑型领导与员工心理的关系出发，研究了领导行为影响员工绩效的内在机理。如罗瑾琏等（2016）基于社会认知理论，以中国文化背景下的知识型团队为调查对象，探究了领导的谦卑特质与创造力的影响关系。

结果表明，谦卑型领导能有效增强员工的心理安全感，可激励下属主动寻求解决问题的新颖思路，让下属以高涨饱满的热情和创新意愿投入到工作中去，营造鼓励创新的团队氛围，产出更多的创新性成果。谦卑型领导还能够增加下属的心理安全感，通过给予员工积极的正面反馈形成鼓励创新的正向循环，最终使下属的知识和想法转化为可被利用的团队价值。曲庆等（2013）在阐明谦卑领导行为内涵和作用机制的基础上，采用多层线性模型检验谦卑领导行为对领导有效性和员工的组织认同的影响。亚历山大（Dierendonck）等（2011）认为，谦卑型领导会对下属的工作满意度产生积极影响，也与下属的组织承诺显著相关。布里克森（Brickson）发现，谦卑型领导更容易以集体利益为重，且多为关系导向，这样的领导往往注重团队内的员工关系，从整体关系中来观察和思考，对自我与他人的关系更有感觉力。莫里斯等（2005）指出，具有谦卑特质的人往往能够较好地管理自己的情绪，对团队其他成员的情绪也容易感同身受。这些行为帮助领导者更加客观地看待团队内的员工关系，通过自身的情绪管理和情绪感知减少对员工的伤害，是维护领导与员工稳定关系的有效举措，也能对员工产生良好的激励作用。

也有研究从谦卑型领导与员工行为的关系出发，研究了领导行为影响员工绩效的外在动因。如欧文斯和张亚军等认为，谦卑型领导对有贡献的员工施以赞美和表扬，能够提高下属献计献策的积极性，这会促使下属发表抑制性建言，帮助领导者了解团队的实际情况和管理疏漏。Ou等（2014）基于社会交换理论，认为谦卑型领导更容易接纳来自下属的新观点和新想法，包容下属的错误和不足，还会鼓励下属与组织内其他成员一起学习，积极表达真实想法，也可能鼓励员工通过角色外的建言行为来回馈团队，对团队发展具有较大的帮助。唐汉瑛和龙立荣等研究发现，谦卑型领导会对员工的工作投入产生正向影响，且在员工的权力距离值偏高时，通过员工组织自尊的中介作用对其工作投入产生的积极影响更加强烈。尼尔森（Nielsen）等认为，谦卑使领导者关注下属，能发现和欣赏下属的长处，会对员工付出的辛苦、具备的技能和长项客观公正地看待，并予以支持和鼓励。谦卑使领导者拥有接受负面反馈的能力，在这种能力的帮助下，领导者能够听到员工内心的真实想法，掌握组织内部管理的实际情况，降低领导与员工的信息不透明程度，从而帮助领导者正确客观地进行决策，这对于塑造组织开放包容的文化和组织学习能力与凝聚力的提高都有积极意义。还有学者研究发现，谦卑型领导能有效提高员工绩效，促进员工的进言献策和互帮互助，并有效提高员工的工作投入。

总结国内外的相关研究不难发现，已有研究在谦卑型领导与员工创新行为的关系方面已经进行了许多积极、有益的探索，但仍存在一定的局限。首先，已有研究多聚焦于个体层面的探索，从团队层面深入展开的谦卑型领导研究还相对较少，这与学者们的呼吁相吻合，即深入探索谦卑型领导对团队的影响。

此外，有学者指出，谦卑型领导对绩效的影响兼具正面效应和负面效应。部分学者认为谦卑型领导具有客观认知自我和积极学习等美德，能对绩效产生正面影响；也有学者指出谦卑型领导往往缺乏信心且容易产生自卑心理，不利于绩效的提高和组织的发展。

（二）自恋型领导风格

1. 自恋型领导风格的内涵

关于自恋型领导（Narcissistic Leadership），弗洛伊德（Freud）最早认为，领导者是一个专横的存在，绝对是自恋的、独立的和自信的，拥有自恋型人格的人往往对自我价值感进行不切实际的夸大，他们较为独立，相信自己的判断，不被轻易说服，权利意识和荣誉意识较强。科胡特（Kohut）认为，自恋主要通过夸大自我的形态和意识观念产生"自欺"心理，进而形成一种内在的心理防御机制，自恋的人往往会借着别人的赞美来维持不稳定的自尊。克恩贝格（Kernberg）则认为自恋在很大程度上是本能驱动的。彭尼（Penney）等认为，拥有自恋人格的领导者往往追求自我崇拜，对自己充满信心，这可能会收到他人的消极回应，因此自恋型领导和其他人对自恋的看法和感知也许存在差异。波斯托（Post）认为自恋型领导具有镜缘饥饿（mirror-hungry）人格，他们之所以好大喜功可能是因为曾经被质疑和否定，内心受到了伤害，因而需要从外界的称赞中得到安慰，寻找自我。

罗森塔尔（Rosenthal）和皮特斯基（Pittinsky）发现自恋型领导往往具有骄傲自大、偏执、自我崇拜、好高骛远、患得患失、挑针打眼、麻木不仁等特征，他们的动机往往来自于权力和名利，渴望成就一番事业，而非同理心。

学者们对自恋型领导的维度划分进行了研究，但目前尚未得出一致结论。如埃蒙斯（Emmons）通过研究发现，自恋型领导可以通过领导力/权威性（Leadership/Authority）、专注/欣赏自我（Self-Absorption/Self-Admiration）/优越性/傲慢（Superiority/Arrogance）和剥削/权欲（Exploitiveness/Entitlement）四个维度来概括。拉斯金（Raskin）等则提出了七个维度，包括权威（Authority）、自我表现欲（Exhibitionism）、优越（Superiority）、虚荣（Vanity）、权欲（Entitlement）、剥削（Exploitativeness）和自负（Self-Sufficiency）。罗森塔尔和皮特斯基指出，自恋型领导是自利且拥有优越感的，他们拥有魅力，渴望赞美，通过打压别人维护自己的权威。Ouimet floss研究了领导自恋特质形成的机制及其可能产生的影响，认为自恋型领导可以从五个维度来进行考量：魅力（Charisma）、欺骗动机（Deceptive motivation）、智力抑制（Intellectual inhibition）、伪装考虑（Simulated consideration）和利己主义（Self-interested influence）。

也有研究对自恋型领导进行了分类。如麦科比（Maccoby）将自恋型领导分为隐性和显性两种。路比特（Lubit）基于自恋型领导对绩效产生的积极或消极影响，将拥有自恋特质的领导者分为积极型和破坏型两种。凯茨德弗里斯（Kets de Vries）和米勒（Miller）结合心理学研究，将自恋型领导分为反应型、欺骗型和建设型，并指出反应型领导和欺骗型领导对组织是有危害的，应该进行控制和矫正。

2. 自恋型领导风格研究进展

伴随着工业革命的发展，自恋型领导在西方现代社会越来越普遍。苹果创始人史蒂夫·乔布斯作为自恋型领导的代表人物之一，是计算机行业与娱乐业的标志性人物，被美国《时代周刊》评选为最成功的管理者，被财富杂志评选为十年最佳CEO。然而，并不是所有的自恋型领导都能给组织带来创新绩效，尤其对于中小企业而言。学术界也对这一现象进行了深入的研究和探索。

已有研究中，部分研究关注自恋型领导对员工和组织的不良影响。如柴特（Chatter）等（2007）认为，CEO的自恋倾向可能导致企业战略的多变和绩效的极端值频现，会带来风险决策、反生产工作行为和较低的周边绩效。罗森塔尔等关注了下属间的关系弹性，认为自恋型领导难以认可和鼓励他人的投入，对下属有贬低倾向，因而与组织绩效负相关。尼威卡（Nevicka）等指出，自恋型领导主要通过影响组织内的信息传递效率来减少组织产出。Judge等（2006）研究表明，自恋型领导与组织的周边绩效和他人对组织的评价具有负向影响关系。布须曼（Bushman）等和希瑟顿（Heatherton）等也认为，那些不谦卑、自恃甚高的领导者最不能接受批评或负面反馈，会给团队创造力带来负面影响。

李全等（2019）基于权力聚焦理论，探究了自恋型 CEO 与公司战略决策效果的关系，认为 CEO 的自恋特质能提高决策速度，但会降低公司战略决策的全面性和准确性，CEO 拥有的权力越大，这种消极影响越强。

也有学者认为，自恋型领导可能给企业绩效带来正向影响。如弗海姆（Furnham）等认为，自恋者相信他们有独特的才华，往往与创造力和创新正相关。哈姆斯（Harms）等也发现，自恋与组织绩效正相关。弗里登堡（Vredenburgh）等表示，自恋型领导往往善于对自我进行包装，能通过自身的人格魅力给外界留下好的印象，进而更快地提升组织绩效。迈克比（Maccoby）指出，自恋型领导敢于追求自我，注重印象管理且充满信心，能够通过自身魅力吸引钦慕的追随者，通过激发他人内心对自我的追求和重新认知，突破现有的瓶颈和阻碍，寻求更多具有创新性的解决办法，进而提升组织绩效。尼威卡等指出，自恋型领导能够提高下属的执行力，培养下属的挫折意识，进而对创新绩效带来正面影响。伯恩（Byrne）等认为，自恋型领导为了保持对自我形态和意识观念的优越感，得到更多的赞美，往往愿意持续学习并坚持不懈地努力，这会给下属起到良好的示范作用，提高下属主动学习和创新的积极性，以此对绩效提升产生促进作用。斯蒂基特（Sedikides）等（2017）发现，自恋型领导并非一无是处，当被恰当地引导时，自恋型领导也可以发挥更多的积极作用。杜佳蜻等（2018）认为，自恋型领导源于下属对领导行为方式的感知，会对知识型下属的内在激励水平产生影响，进而通过创新意愿影响下属的产出和创造力。

还有研究表明，自恋型领导和创造力没有明显的相关关系，也不会对组织绩效产生显著的影响。

三、创业团队的构成要素

（一）创业目标

创业团队要有明确的目标存在，这在继续引领团队成员的行为与思想方面将起到十分重要的作用。因为失去了目标，团队也就失去了存在的价值。

（二）创业人员

人员是实现目标的主力军，因此对创业团队来说，人员的选择是非常关键。一个团队内的分工需要有人制定计划、有人出主意、有人实施和协调、有人监督过程进展等，各种有不同分工的人为了一个目标而做努力，所以，在选择人才时应当充分考虑其能力、知识与经验等各项技能。

（三）创业团队定位

定位创业团队主要有两层意思：首先，就是创业团队的各项定位，主要是为了确认在企业之中，这个团队要处在什么位置，成员由谁决定与负责，而团队又是为谁负责等；其次，就是定位个体，需要明确地对团队中的成员进行分工，决定每个人的位置与责任。

（四）创业计划

所谓计划就是安排好想要达到的目标，也就是未来行动时的方案，也可以将计划看作是实施目标的具体工作程序。计划只有在认真一步一步落实的情况下，才会贴近目标并最终实现目标。

四、创业团队的领导行为

（一）创业团队领导行为内涵

目前，国内外学者针对领导行为的研究在逐步开展，取得了不错的研究成果。对于领导行为的定义，主要有狭义与广义的。广义的是指领导者带领组织成员向组织所共同设立的目标及愿景奋进时所体现出来的行为、特征及语言表现形式等，狭义的主要是领导者在团队管理领导过程中所表现出的行为的统称。结合研究需要，对领导行为主要采用狭义的定义。丹宁博（Tannenbaumetal）认为领导行为是领导者与团队成员之间通过沟通并影响两者一起向共同标准前进的过程。费德勒（Fiedler）认为领导行为是领导者在带领团队前进时所表现出的一些特征行为，主要包括任务反馈、情感支持、引领激发等。曹仰峰（2011）认为领导行为是领导行为者在日常行为工作中一贯的行为处事方式，从而形成了独具领导特征的领导行为。郎滔（2006）对创业团队领导行为作了详细的研究，认为创业团队领导行为为创业团队领导者在不同时期针对不同情景所采取的具体特征行为。

（二）创业团队领导行为的维度与测量

1. 创业团队领导行为的维度

目前，学者对领导行为的研究主要集中其对应理论下开展的不同研究，从对相关理论维度进行研究主要有以下维度。

领导行为四分图理论。斯托格迪尔（Stogdill）为代表的俄亥俄州立大学学者提出了著名的领导行为四分图理论，将领导行为主要划分为两个维度任务导向和关系导向。任务导向主要是通过在任务制定，通过具体的行为任务来规范约束成员的行为。关系导向主要侧重于与成员关系的建立，偏重于团队的关系和谐。布莱克（Blake）和木桐（Mouton）提出管理方格理论，该理论是对四分图的进一步划分细化。

通过对任务与关系的进一步细化分为五种典型的领导方式：乡村俱乐部型领导、贫乏型领导、中间型领导、协调型领导、任务型领导。郎滔（2006）进行相关整合提出创业团队领导行为划分为三维度，分别为任务导向行为、关系导向行为、创新导向行为。

伯恩斯（Burns）和贝斯（Bass）进一步发展了新型领导理论进而认为领导分为变革型领导和交易型领导，变革型领导主要侧重于对成员的鼓舞与激励，后者主要侧重于在整个领导过程中对奖惩的把握。

2. 创业团队领导行为的测量

不同理论对领导行为的定义不同，领导行为的划分维度至今没有统一的标准，其开发的测量量表也不尽相同。

俄亥俄州立大学学者将领导行为主要分为关系导向行为与任务导向行为，并开发了领导行为量表（LBDQ），也是目前该理论的主要测量量表。郎滔（2006）对该量表进行了整合研究，对创业团队领导行为提出了新的测量量表，加入创业团队具有特征的创新导向行为量表，也取得了较好测量效果。

伯恩斯和贝斯提出的交易型和变革型理论，将交易型理论视为对事维度，变革型理论视为对人维度，其开发的量表侧重于交易型和变革性量表，也取得较好的测量效果。

除此之外，Yukl（1998）提出任务型、关系型、变革型三个维度来划分领导行为，即 TRC 三维领导模型并开发出相关量表。主要研究创业团队领导行为，郎滔测量对象为创业团队并且量表具有较高的信度，因此选取郎滔开发量表为创业团队领导行为测量量表。

（三）创业团队领导行为相关研究

领导行为被学者提出进行研究后，在被众多学者进行多理论的研究与定量的各量表的测量研究后，经过总结与归纳，可以发现领导行为更多的是被作为自变量来研究与其他变量之间的关系。总的来说，领导行为与个体与组织都有一定的关系。

从个体来看，Judge（2000）认为新任在创业领导行为对创业成功中起中介作用，对德国的众多中高层领导者调查证明了领导行为对员工创新行为起到积极作用，也体现了管理者对组织变革的管理过程。国内学者李秀娟、魏峰等通过对医药行业领导者的研究证明了医药行业领导行为对员工个人行为产生影响，变革型领导行为有助于权力的交接，有利于下一任领导关系的确立。通过对我国不同企业进行研究发现变革型领导相对于交易型领导在促进组织公平和员工信任方面更加有效。郎滔通过对创业团队领导行为的研究发现，领导行为有利于团队沟通、团队协作。最终对团队绩效起到积极作用。

从组织来看，蒋天颖研究表明，组织学习会提高领导行为，领导行为对企业创新绩效有正向的影响作用。门格（Mengue）提出了变革型领导与组织绩效的关系，认为变革型领导对组织学习有一定的正向作用。

对国内外文献整理发现，创业团队领导行为的研究刚刚开始，集中于领导行为对个体组织绩效的研究，特别是变革型领导对个体的研究。且大多数研究证明领导行为对团队绩效起到积极作用。关于创业团队领导行为的研究就相对较少，这也是创业团队和领导行为结合的研究点之一。

五、创业团队的沟通

（一）团队沟通的含义

对于管理学中的沟通的概念，学者们见解侧重点都各有不同。蒙赫（Monge）研究认为沟通是"沟通是任何形式组织的基础"。沟通是团队组织不可或缺的，它有利于促进团队建立。我国学者刘军和吴隆增将团队沟通界定为一种团队互动过程。团队沟通在一定程度上被认为是一种团队过程。主要是指团队成员内部之间，团队成员与子团队与其他团队之间的相关关系的行为的总称。该行为发生在一段时间内，包括顺序发生，同时发生等行为。陈亮、林西认为团队沟通定义为为了提高成员舒适度，成员间对团队内容的掌握力度，以此来反映团队交流的程度。武博认为沟通是内部成员对于内容的加工共享程度以及分享交流频率。结合上述定义与文本的研究需要，团队沟通是团队成员内思想上的交换、情感上的交流，是团队中成员的情感、想法和意见等互相交换的过程。

（二）团队沟通的维度与测量

在管理学研究中，沟通是相对持续的步骤，因此一定程度上相对比较难测量。

综合国内外学者对沟通的定义，沟通的维度划分也有不同的依据。目前，针对维度主要有以下几种：一维论主要是研究学者爱缇塔（Attia）提出，二维论主要是由国外学者拉姆（Nam）提出，包括方式和对象。多维论主要是有很多学者试图从不同的研究角度出发对团队沟通进行探索，包括频率、媒介等维度。结合国内外的关于沟通的研究文献来看，团队沟通的研究重点一个是方向，摸索对象的沟通，另一个是形式，采取哪种形式沟通效果好一点。我国学者常华将沟通划分为三个维度，主要是回馈反映、交流次数和了解程度，并通过实证研究表明了沟通有助于提高团队合作水平。还有学者侧重于对沟通的内容、次数和导向，认为沟通对行业业绩有正向影响。

目前，国内外关于沟通的研究，一般为沟通的单一维度进行研究。不同学者根据自身研究的需要，分别从不同方面对其维度进行了研究。如摩尔（Mohr）和尼文（Nevin）从沟通方向上研究等。罗伯茨（Roberts）和奥莱利（O'Reilly）提出从团队沟通的方向可将团队沟通分为向上、向下、书面、面对面沟通等16个维度。

经过对国内外团队沟通文献的整理，团队沟通没有一个固定那个的标准。主要是探讨创业团队内的团队沟通，所以选取了伊利和马萨科夫斯基（Earley & Mosakowski）关于侧重于沟通程度的团队沟通。

经过对团队沟通的量表的整理发现，研究者大多采用问卷调查法对团队沟通进行测量。目前国外学者关于团队沟通的量表设计已经相对完善，并且经过多次调研分析，量表具有合适的信度和效度，国内学者结合具体中国国情，对量表进行适当的修改，也形成了适合中国国情的量表。麦克罗斯基（Mccrosky）测量员工与上级沟通时，员工的焦虑情况的团队沟通量表（PRCA-24），赫克特（Hecht）为测量团队沟通中成员沟通的满意程度开发的团队沟通量表（ICSI），托马斯（Campion）关于团队沟通的量表，主要内容为"团队成员之间乐意共享工作内容"等，莱希（Lech）开发了团队互动为主的团队沟通的量表，胡桂兰（2013）并加完善修改形成"团队成员经常开展团队讨论"为主的量表。梅兹克（Medsker）针对团队成员具体工作开发了团队沟通量表。伊利和马萨科夫斯基开发了针对团队内部开发了团队沟通量表，这在一定程度上也进一步丰富了其测量方式。

第二节 大学生创业团队的组建

一、大学生创业现状与创业意向

（一）大学生就业及创业状况发展趋势并不理想

2020年，受新冠疫情及其他因素的影响，我国GDP增速逐渐放缓，大学生就业岗位相应有所减少。2020年7月，由麦可思研究院发布的《2020年中国大学生就业报告》（就业蓝皮书）显示，2015届至2019届，普通高校大学毕业生毕业生人数持续增加，毕业半年后的就业率及自主创业率呈现较平稳态势。逆水行舟，不进则退，这组数据意味着高校毕业生就业难度变大。

1. 大学生毕业半年后就业率总体平稳

2015～2019年，近五届应届本科毕业生半年后就业率由2015年的93.4%下降到2019年的91.1%，下降了2.3%，按照总人数计算，2019年约有74万毕业生处于无工作、无求学意向的待业状态，如图6-1所示，虽然就业率整体稳定在91%以上，但呈现逐年降低的趋势。

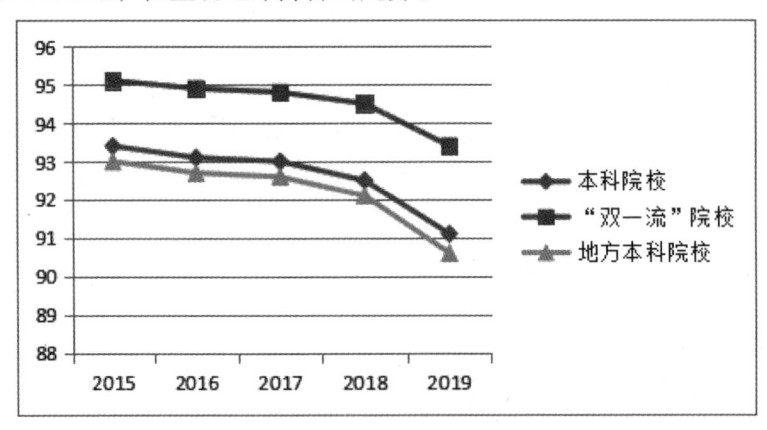

图6-1　2015～2019届本科生毕业半年后的就业率变化趋势

2. 大学毕业生中自主创业比例呈现下降趋势

2019届大学毕业生自主创业比例为1.6%，其中，重点院校毕业生自主创业的比例低于地方本科院校，分别为0.9%、1.7%。而2015年，这三组数字分别为2.1%、1.0%、2.3%，2017年，这三组数字分别为1.9%、1.1%、2.1%，几乎逐年降低，如图6-2所示。

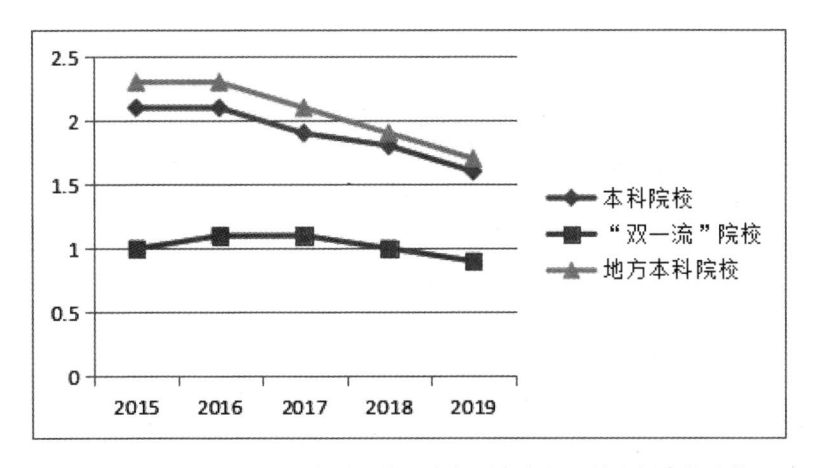

图 6-2　2015～2019 届本科生毕业半年后自主创业的比例变化趋势

3. 大学生自主创业领域集中在有限行业

本科毕业生自主创业排名第一的行业是教育业（24.5%）。在文化、体育和娱乐行业创业的比例也较高（15.8%）。信息技术服务业等新兴领域的发展有必要进一步提升。如图 6-3 所示。

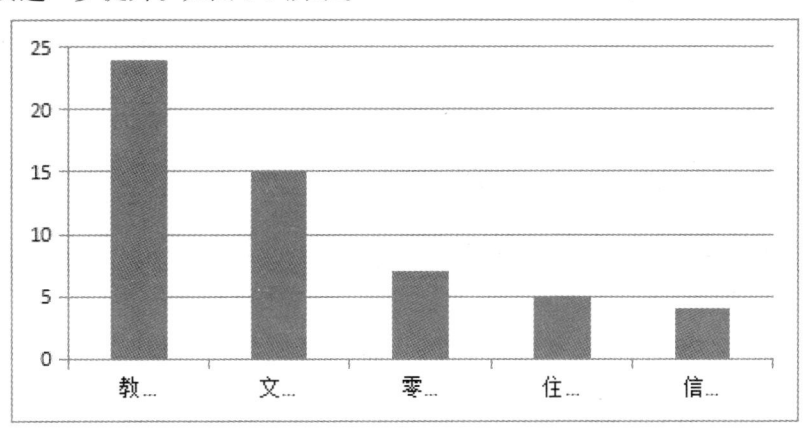

图 6-3　2019 届本科毕业生半年后自主创业最集中的前五位行业类

4."创业为理想"是毕业生创业的主要驱动力

在自主创业动机调查中，2019 届本科毕业生与 2018 届基本相同，因为理想选择自主创业的比例为 35%，因为有好的创业项目的比例为 21%。因为未来收入好的比例为 15%，受他人邀请加入创业的比例为 10%，未找到合适工作被动创业的只有 7%，如图 6-4 所示。

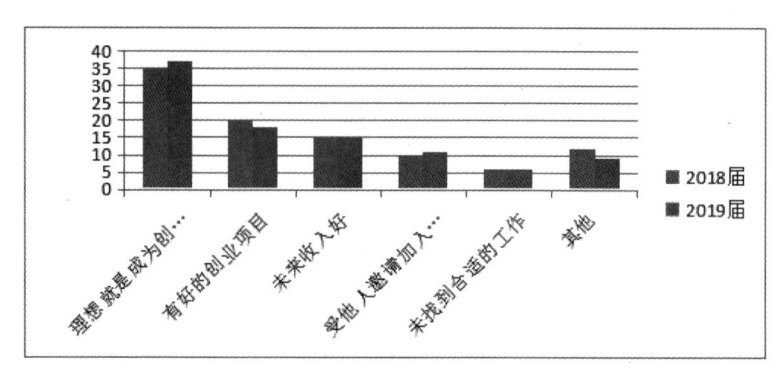

图 6-4 2018 届、2019 届本科毕业生自主创业的动机分布

以上四组调查数据显示，刚毕业的大学生中自主创业践行者整体比例较低，且呈现逐年下降趋势，分析原因有以下几个方面：①地方高校大学生更有创业愿望，重点高校大学生相比而言创业动力不足。②创业兴趣较高，但实际创业行为比例较低，创业动因为理想就是成为创业者，有好的创业项目。③互联网的出现，让信息技术服务业等新兴产业发展迅猛，但未引起高校创业型人才的足够重视。④大学生创业缺乏经验与正确方向的指引，以至于创业屡屡碰壁。而究其根本原因，还是对于高校创业型人才培养保障体系不够到位，未能给学生提供正确的创业指引与切实的资源与政策保障，使得目前大学生创业状态不够理想。

（二）影响大学生创业意向的因素

1. 个人因素

（1）创业者特质

特质是个体的内心活动特征的真实反映，是个人的性格特征的基本表现，创业者特质是特质理论的衍生品，用来解释有创业想法或者从事创业活动的个体的人格与心理特点。通过阅读文献总结可知，对于该概念的研究，学者们普遍从个体的内在品质、外在行为能力以及个人背景因素出发。个体所拥有的成就需要、领袖气质、创新能力、风险的承担力以及学历、创业经历等背景因素都被学者们看作是个体拥有创业者特质的具体的表现形式，由麦克莱兰（McClelland）以及罗特（Rotter）先后提出的成就需要理论、控制源学说等都是重要的理论研究成果。社会创业作为创业发展到一定阶段的实践成果，身为社会创业者的个体也必然具备对成就的渴望、对风险的偏好、较强的创新意识等，正如李论基等（2016）所指出的，社会创业者与传统的商业创业者都具备着相似的创业者特质，只不过由于创业使命的差异，两种创业者特质的表现形式和层次有所不同。对于高校学生这一群体来说，他们是社会中朝气蓬勃的力量，肩负着建设更加美好的社会的希望，他们之所以选择社会创业，一方面说明这种以创造社会价值为使命的创业形式能够最大限度上满足他们实现自我的需要，另一方面也意味着他们敢于承担创业失败的风险，善于运用稀缺的社会资源创造性地促进社会问题的解决。

在上述分析的基础上，并结合国内外学者对创业者特质的研究，从成就需要、风险承担性、创新性这三个方面衡量高校学生的社会创业者特质。成就需要是个体希望高质量高效率地完成具有挑战性任务的愿望或心理，以实现自己对人生价值目标的追求。社会创业实质上是为多个利益相关者创造价值的一项工作，面临的挑战和任务更加繁重，对于当今的高校学生来说，他们不仅拥有扎实的理论知识，同时有高尚的社会情怀，渴望突破自我，成就需要较高的学生有着更强烈的社会创业的决心，更勇于承担起社会修理工与创业者的双重角色，因此将成就需要作为衡量高校学生社会创业者特质的一个重要方面。风险承担性是个体面对可能带来损失的决策以及收益不确定的行为所愿意付出的资源，它不仅包括对风险本身的衡量，而且也包括对所能预测到的风险的承担程度。与传统的商业创业形式相比，我国目前对于社会创业的探索相对不足，许多社会创业的合法性也受到公众的质疑，创业过程缺少法律的保障、创业资源也受到限制，同时需要面临由于无法实现"自我造血"式的有序运营而导致创业失败的风险，因此，对于缺乏社会历练的高校学生来说，自身对于多种创业风险的承担能力至关重要，用风险承担性去衡量高校学生的社会创业者特质，实质上是对他们的抗压能力、决策能力的考察，只有风险承担性达到一定水平的个体，才更善于应对创业困难、把握资源，其进行社会创业的意愿可能就会更加强烈。创新性是提供新的产品或服务并将其市场化的过程，是用新方法更高效且更低成本解决问题的过程，反映了个体对与创业相关的资源、机会利用能力。对于社会创业来说，个体的创新性是一个更为重要的能力特质。刘志阳等（2018）以企业家精神的角度研究社会创业，指出社会创业的核心法宝是以创新性的手段满足社会需求、实现社会价值。高校学生进行社会创业，解决的是公共部门、社会非营利组织等主体尚未能有效解决的社会问题，而要完成这一目标，需要他们脱离主流概念的控制，善于以新的方式促进资源的整合，这就要求他们具备较强的创新性，从而创造性地给社会问题的解决提供新的方案。因此，创新性也是衡量高校学生社会创业者特质的一个重要方面。

综合以上对高校学生创业者特质的三个方面的分析，在量表设计方面，以成熟的量表为参考，成就需要、创新性采用张宁宁（2016）在余安邦、约翰（John）等所设计的量表基础上改编而成的量表，风险承担性主要采用布鲁克豪斯（Brockhaus）关于创业者风险倾向的量表，同时，以高校学生的实际的思维与行为特点为依据，设计出高校学生的创业者特质量表，如表6-1所示。

表6-1 创业者特质的测度

变量	测量题项	参考文献
创业者特质	1. 我乐于接受具有挑战性的任务 2. 不能成功完成一项任务，我会感到沮丧 3. 我愿意为实现自己的目标而努力 4. 我希望能有更多培养自身能力的机会 5. 我喜欢不确定性和风险带来的刺激 6. 即使会失败，我也会给自己设定目标 7. 面对问题，我会果断抉择 8. 在生活中，我对很多事物充满好奇心 9. 我善于用新的思路或方案解决科研问题 10. 与身边的同学相比，我的创新创业能力更强	张宁宁（2016）、布鲁克豪斯(1980)

（2）移情作用

移情作用是个体对他人情绪状态进行感知，理解并与他人的情绪状态达到共鸣的能力，是亲社会行为的催化剂。它作为复杂的社会化情绪的产物，是情绪感受与心理认知的结合体，应从多角度予以衡量，其中学者戴维斯（Davis）对移情作用的衡量角度相对全面，受到了研究者们的广泛认可。他认为，移情作用包括想象、个人忧伤、换位思考、移情关注这四个方面，想象是指个体具有很强的身份代入感，将自己看作是电影或小说中的虚构角色，个人忧伤是个体对他人的悲惨处境所感受到的焦虑或苦恼，而换位思考是指个体能够从他人的立场或者观点思考问题，能够接纳他人的想法，移情关注是指个体面对他人所遭遇的悲伤或痛苦经历所产生的情感上的共鸣以及相似的情绪体验。戴维斯并对这四个方面的移情作用进行了分类，并指出想象、个人忧伤是以个人为导向所产生的内在心理反应，并不会导致个体将自身与他人联系起来，而换位思考、移情关注这两个维度是以他人为导向，个体将自身与他人的经历或情感紧密联系起来，是社会帮助行为的前因。

社会创业的使命不同于传统的商业创业活动，社会创业本质上也是一种以创业为手段，而以满足社会需求为目标的社会帮助行为，因此，个体的换位思考、移情关注能力均深刻影响着高校学生对于社会创业的选择。对于关注社会热点、关心他人的高校学生来说，换位思考是理解社会问题的前提，只有设身处地地去思考问题产生的缘由，才能更好地抓住问题的关键，而移情关注是解决社会问题的良方，只有想他人之所想、忧他人之所忧，才能从根本解决矛盾或问题。

对于移情的测量，综合来看主要有两种形式：一是以个体生理指标为基础的生理测量法。这种方法为观察者的移情产生状况提供理想的依据，该方法主要通过测量被测者的心率水平和皮肤电的波动状况来进行观测。二是应用较为广泛的量表测量法，用于测量移情作用的量表有很多种，学者们也进行了广泛而深刻的研究，其中戴维斯（1980）开发的人际反应的评定量表应用最为广泛，选取该量表中对于换位思考、移情关注的测量题项，并结合当代高校学生实际的思维特点进行改编，形成了高校学生移情作用的测量量表，如表6-2所示。

表6-2 移情作用的测度

变量	测量题项	参考文献
移情作用	1. 我善于从他人的角度看待问题 2. 小组讨论中，我会记下每个人的观点 3. 我会多角度思考学习或生活中的问题 4. 面对他人的不幸，我渴望伸出援手 5. 面对不公平的事情，我会愤懑不平	戴维斯（1980）

（3）创业自我效能

任何形式的创业活动都可能会面临着不可预知的困难，社会创业也是如此。这种创业形式作为我国创业活动的新发展，由于该领域的实践和支持不足，在整合资源与识别创业机会等方面面临更大困难，同时由于高校学生缺乏充分的社会实践经历，创业经验不足，因此，拥有强大的心理素质对于开展社会创业活动至关重要，而创业自我效能就是高校学生克服困难、实现创业成功的必备的心理素质之一，在高校学生充分考虑自身能力和特点进行创业活动的选择时，它起到了关键性的积极作用。创业自我效能并非个体固定的心理特质，它具有一定的可塑性，是个体在对环境和信息认知并进行处理的基础上形成的，对于创业自我效能的测度需要从多角度并结合具体情境展开，陈（Chen）等以创业过程理论为依托，将其看作是创业者能够完成各项创业任务并担任创业角色的信念，率先从管理、市场运作、财务可控性、风险承担性等多角度衡量该概念并开发了沿用至今的创业自我效能量表；De Noble（1999）认为自我效能是产生创业意愿的前提，是创业者的重要特征，并在此基础上从机会开发、资源整合、风险控制、创新、人际沟通、运营管理等六方面来测量它。

对于高校学生来说，普遍缺乏社会实践经验，只有充分地沟通、协调好自己在创业过程中的人际关系、创业资源，创业成功的可能性才会更大，沟通协调的自信也是个体立足于社会的基础。在上述分析的基础上，以陈等对创业自我效能的测量为参考，并依据高校学生的心理与行为特性，形成了高校学生创业自我效能的测量量表，如表6-3所示。

表6-3 创业自我效能的测度

变量	测量题项	参考文献
创业自我效能	1. 我善于发现从细节处发现机会	陈（1998）
	2. 我能理解并解决学习中出现的问题	
	3. 我经常有新想法并会设想它的价值	
	4. 我善于促进班级形成良好氛围	
	5. 我善于解决与同学交往中遇到的问题	
	6. 与他人合作是件愉快的事情	

（4）创业态度

创业态度被看作是个体对创业活动的整体的评价和看法，对某种创业活动评价的好坏反映了个体对该事物的信念，是个人所持价值观在具体事物上的表现。社会创业的使命在于通过创造性地解决社会问题进而促进美好社会的构筑，对于那些能够成功进行社会创业的创业者来说，社会价值的实现是他们所遵循的价值导向，经济利益并不是他们的最终追求，基于此，他们保持积极渴望的社会创业态度，这也影响到了他们对于创业方式的选择。尽管对于高校学生来说，社会创业是一项值得投入的事业，但是对于社会创业的评价最终影响了他们的创业选择。

对于高校学生的社会创业态度的测量，一方面要以传统的对于商业创业创业态度测量的研究成果为参考，另一方面要充分考虑社会创业价值使命的特殊性，从高校学生自身特点出发考虑选择社会创业的原因。在关于创业态度的研究方面，从20世纪90年代开始，学者们纷纷从不同角度去探索创业态度的结构，其中以菲利普（Phillip）对于创业态度的结构划分为代表。他将创业态度划分为内生态度和外生态度，内生态度是指个体本身对创业活动的看法，比如通过创业实现个人独立、接受挑战、实现人生价值等，而外生态度是以外界环境因素为参照地对创业的看法，包括通过创业获得社会地位、为社会做出贡献等，在对创业态度划分的基础上，他还设计了至今应用较为广泛的包括乐于挑战、实现个人目标、成就需求、渴望独立、获得社会地位、积累财富、公众认可、建立一定名誉和声望、作出贡献在内的9题项创业态度量表。因此,以向春(2011)所改编的菲利普的创业态度量表为参考,同时结合社会创业所追求的价值目标,设计了高校学生的社会创业态度量表,如表6-4所示。

表6-4 创业态度的测度

变量	测量题项	参考文献
创业态度	1. 我希望通过社会创业实现人生价值	向春(2011)
	2. 我希望检验自己的创意或想法	
	3. 我希望通过社会创业解决他人的问题	
	4. 我希望我的社会创业想法能得到公众认可	
	5. 我希望为美好社会的建设出一份力	

2. 高校创业支持因素

汪忠等在对社会创业的研究中指出,社会创业是一项充满社会感召力的创业活动,且成功率高于传统的商业创业,高校应承担起鼓励和倡导学生投入社会创业探索的责任。高校加强社会创业支持体系的构建,进行社会创业教育与实践,不仅能够帮助学生了解社会创业的意义、增加创业实践技能,同时能够使学生们的社会使命感更加强烈。

因此,如何构造完善的社会创业支持体系是高校面对的现实问题。高校对于社会创业支持体系的构建主要以社会创业教育为载体,而社会创业教育作为传统创业教育的延伸和发展,同样应遵循创业教育的研究路径。任胜钢等在对中国高校的创业教育调查中指出,创业教育应关注理论、实践两个方面;朱红等以社会学习理论为依托,认为成功的创业教育应该具备基础性、模拟性、实践性、观察学习性这四个特性。综合国内外学者对高校创业教育的研究可知,创业支持体系的构建要注重理论与实践的结合,才能从本质上树立起学生们对于创业的整体认知观念、培养过硬的创业技能。具体到社会创业支持体系的构建,不仅要重视社会创业理论课程的开设与完善,以建立起学生们对该种创业形式的整体认知;同时也要注重实践能力的培养,孵化社会创业中心开设丰富的社会创业实践大赛、创造更多的公益实践与志愿服务活动,在实践中培养学生的社会责任感,建立起对于社会创业的价值感知,促进其社会创业想法的产生。在上述分析的基础上,借鉴朱红等对创业教育的解释,同时根据社会创业的具体情境,设计了高校的创业支持测量量表,如表6-5所示。

表6-5　高校创业支持的测度

变量	测量题项	参考文献
高校创业支持	1. 我所在高校开设了丰富的社会创业课程 2. 我所在高校经常举办社会创业大赛 3. 我所在高校定期组织志愿服务活动 4. 我所在高校经常邀请社会企业家进行心得分享	朱红等（2014）

3. 社会环境因素

在对中国高校学生创业的研究中，有学者指出，政府的政策、研发转移、地区的创业文化氛围以及来自金融机构的支持系统科学地构成了高校学生创业的社会环境系统。社会创业这种创业形式起源于国外，对于高校学生来说，对该种创业形式的认识和实践十分有限，而来自社会环境的多元化的支持对于改善学生们对于社会创业的认知、主动开展社会创业行为具有十分重要的推动作用。在对高校学生所面对的社会环境的衡量方面，应用最广的是全球创业报告（GEM）所建立的环境指标评价体系，该体系由金融支持、政府项目支持、政府政策、研发转移效率等9个方面构成；傅颖等（2017）在对我国的社会创业环境研究中指出，我国的制度支持与监管力度对于社会创业的影响最大，并发现一个国家明晰的产权制度、健全的经济与政治制度将促进社会创业；韩君等（2019）认为社会创业作为"舶来品"，积极宽松的文化与制度环境十分重要。对于高校学生所面临的社会环境的测量，主要借鉴GEM的环境指标模型，同时根据我国社会创业的现状，从金融支持、政策支持、市场环境、文化氛围四个方面来进行测量，所设计的社会环境量表如表6-6所示。

表6-6　社会环境的测度

变量	测量题项	参考文献
社会环境	1. 政府出台优惠政策鼓励高校学生创业 2. 有多种融资渠道供我选择 3. 现有市场结构有利于公平竞争 4. 本地区有鼓励创业、宽容失败的氛围	王艺霖等（2015）

4. 学生社会创业意愿

社会创业意愿作为社会创业领域研究的重要变量之一，是个体想要通过创新的方式创办社会企业以此来解决社会问题的强烈愿望和心理准备。由于社会创业与传统的商业创业存在很大不同，社会创业意愿与商业创业意愿也存在诸多差别：一是意愿产生的背景条件不同。在目前的市场条件下，企业所关注的目标是有消费能力的顾客，生产的商品、提供的服务具有很强的排他性，无法满足社会大众对于公共物品与服务的需要。与此同时，公共部门的不适当介入进一步导致了社会效率低下，公共需求得不到全面满足，社会矛盾加剧，在此背景下，充满社会同理心与创新精神的个体萌生了社会创业的想法，致力于社会价值的创造。而传统的商业创业意愿主要产生于个体对经济价值创造的渴望，希望通过创业的形式满足个人对物质财富的追求；二是意愿引发的结果不同。意愿作为有效预测行为的直接因素，社会创业意愿引发的是以解决社会问题为导向的创业行为，市场化的运作模式只是其创业的手段，衡量其创业成功的标准在于社会价值的创造；而传统的商业创业意愿引发的是创造更多消费需求的创业行为，企业阶段性作出的公益行为最终目的是吸引更多的顾客，衡量其成功与否的标准归于企业经济利润的实现。

虽然社会创业意愿与商业创业意愿存在很大不同，但是社会创业意愿本质上也属于一种创业意愿，因此，对于高校学生社会创业意愿的衡量，可在参考原有的对大学生社会创业意愿设计的相对成熟的量表上，根据社会创业追求的价值目标进行改编，本研究参考张秀娥等所设计的大学生社会创业意愿量表设计了对于高校学生社会创业意愿的量表，如表6-7所示。

表6-7 社会创业意愿的测度

变量	测量题项	参考文献
社会创业意愿	1. 我认真考虑过进行社会创业 2. 我未来很有可能进行社会创业 3. 我对社会创业充满激情 4. 我会努力成为一名社会创业者	张秀娥（2016）

以上是影响大学生创业意向的主要因素，而创业型人才培养保障尤其应当针对上述的薄弱环节，进行各方位的全面保障，以让在创业方面存在着先天或后天劣势的学生拥有尽可能均等的创业机会。

二、大学生创业团队组建的程序

（一）明确创业目标，制定创业计划

在创业团队的组建过程中，首先要确立创业团队的目标。明确的团队目标有助于个人自我价值与团队整体价值的有机统一，形成创业团队高度的凝聚力。明确的团队目标也为团队组建过程中需要怎样的团队成员提供了明确的指向。共同的创业目标能减少创业团队成员之间培养默契的时间，坚持同样的创业目标是创业团队成功的基础。

（二）招募团队成员，合理划分职责

在创业团队组建选择成员的过程中，要考虑专业的技术人员、管理人员在创业团队中的作用，充分考虑每位成员的职责，明确每位成员的职责，不仅仅能减少创业团队的用人成本，还能保证创业团队在高效的配合中稳步经营。

（三）在制度下运行，加强团队融合

一个创业团队要想长久发展，不仅需要长久学习，而且也要在制度的管理下运行发展。无论是创业团队成员的职业分配、成员的管理、收入分配、团队的发展等都应该有制度的操控。团队要想长期发展带来经济效益就应该在制度的框架下不断融合。

三、大学生创业团队组建的策略

（一）明确团队任务分工

首先，团队负责人应明确成员参加大学生创新创业团队的动机。大学生创新创业团队成员一般分为三类：第一种是兴趣主导型，目标清晰，执行力强，会主动从多方面丰富团队资本储备。第二种是比赛功利型，参与团队仅是为了获得相应学分、比赛经验或奖励。此类成员虽可能对团队项目方向不感兴趣，但其自身强烈的目的性会带来高效的执行力。第三种是人情劝导型，一般是因为具有某种团队所需能力但无心主动参与，由团队负责人发现并说服参加。

其次，通过分析成员信息，针对性安排项目任务。团队负责人通过与成员的沟通，尽可能多地收集成员信息，分析成员的个人目标以及所具有的项目所需的相应能力。在掌握以上的信息后，按照"区别对待"原则，针对性安排，促进个人目标与团队目标的融合，尽可能在保证成员参与项目稳定性的同时完成项目目标实现的最大化。以兴趣主导型成员为例，团队应通过对其自主制定团队工作计划和安排工作的赋权，能够使成员在团队工作过程中感受到更大的个人责任，激发起参与团队工作的自主性，鼓励其坚持研究兴趣进一步培养兴趣型成员的主体意识和主动意识。

最后，实施评估，制定目标。在团队工作中，具体的、清晰的目标使团队成员所产生的承诺感更强。而团队成员对目标的承诺会影响团队的绩效。因此，目标设置应贴合团队目标实现过程中所涉及的各方要求，对团队目标进行清晰的划分，是团队成员可以及时弄清项目所进行的阶段，以及各阶段任务和要达到的标准。这种将明确具体的团队目标与项目为导向的团队规范相结合的方式，能够增强成员完成团队任务、实现团队目标的有效性。

（二）加大团队支持力度

1. 加强团队基础与资源储备

从团队内部条件看，一个团队要想取得较好的成绩应该有一个稳定的基础储备。成员应对团队所研究领域进行深入了解，跟踪领域前沿与前景，综合分析团队研究方向的市场变化趋势，提高自身综合实力，大学生创新创业过程不仅是成员创新能力的体现，而且也是对成员心理素质的考验。对于团队负责人而言除上述两方面之外，团队管理能力与人际交往能力也显得尤为重要，建立合理的绩效评估系统、组建支持团队运作的人力资源系统、合理处理团队成员冲突维持团队基础结构。

从外部环境来说，学校或学院应该给双创团队提供完成项目所必需的各种资源，例如指导教师与团队项目资金等的配备。学院（校）方面应首先进行创新创业教育体系改革，改变传统的填鸭式创新创业教育模式，邀请具有创新能力教师进行针对创新能力的教育，其次联系社会上不同创业阶段的公司团队结合现实社会创业环境指导大学生团队正确分析并认识创业过程与问题；政府方面制定更加详细可行的大学生创新创业优惠政策，营造良好的政策环境。降低工商注册准入门槛，激活大学生的双创热情，传统行业发展已经较为成熟，研究人数多发展空间较小，因此应鼓励大学生积极在新兴领域创新创业研究；运用政府的力量建立企业—高校对接平台，创办大学生创新创业孵化基地。鼓励高校与企业依托大学生孵化基地建立人才对接，同时高效对接创业导师，及时获得高质量的创业指导服务。

2. 建立合理的激励机制

团队效能感是团队成员相信通过共同努力，能够完成团队任务，并实现团队的目标。它对团队的目标设置、团队成员的努力水平以及团队坚持性等方面产生很大影响。在大学生创新创业团队中，团队负责人应该制定阶段性汇报计划，使团队每个成员可以清楚地指导项目如何进行以及完成至何种程度，让每个成员掌握项目进度，并根据团队绩效评估系统，对成员贡献进行评估，对如期以及超额完成任务的成员以及其部门根据其所需进行奖励，使团队成员体会到工作的意义和价值，进一步激发团队成员的工作热情，增强完成任务的信心。

（三）提升团队领导水平

1. 建立团队目标体系

首先，团队目标量化，量化后的团队目标使团队成员更加了解团队任务。其次，团队要确保各阶段分目标以团队总目标为中心。目标设置时要坚持全体成员参与、上下左右沟通，团队负责人通过熟练的沟通技巧和移情能力来争取团队成员对共同目标的支持，使拟定的目标在团队及个人之间达成一致，并对各阶段目标进行相关性评估，使各分目标始终以团队总目标为中心运转。并在目标行动前拟出实施方案和纠偏预案，使团队项目按所拟定计划进行，当分目标偏离既定轨道时，及时纠偏尽可能不浪费更多的时间资源。

2. 团队负责人应进行及时有效的领导

（1）控制团队规模

团队人数过少会造成团队成员工作量负荷过大导致无法保质保量完成团队任务；但团队人数过多又会引起分团队任务过度分散，产生团队冲突以及窝工的概率将会增高。合理的团队规模既有利于团队目标的完成也有利于团队管理。

（2）开展监督机制，建立动态评估体系

大学生创新创业团队在完成某项工作时，一般是团队成员分小组协作完成。如果只对小组工作进行最终的评估，忽视对过程的评估极易产评估偏失的现象。因此，为保障评估体系的科学性，不仅要对小组工作完成的最终质量进行评估，而且也要对任务不同的阶段进行不同的细分化动态评估。在现阶段的大学生群体中，大多为独生子女，自我中心意识较重，且团队合作中团员交往密切，当评估结果与实际利益联系紧密时，仅仅依靠道德约束成员行为显得苍白无力，因此应依据全过程跟踪管理原则从成员工作主动性、团队协作能力、进步程度、任务完成质量等不同方面对各分部工作进行合理评估。实行监督机制有利于提高成员工作专注力，减少目标模糊现象。并且在监督过程中帮助成员解决一些突发性问题，确保项目执行阶段不发生目标偏离，且督促其在既定的时间内完成规划目标，使下一阶段的目标可以按原定方案顺利进行。

（四）端正团队成员态度

1. 减少团队成员社会惰化问题

大学生群体学业压力较重，能够自主安排的时间较少。在参加双创这种短时间高工作量的团队比赛时，由于成员在团队工作中的个人业绩较难准确衡量以及热情度的降低，在团队比赛中后期比初前工作更少努力时，因此就会产生社会惰化现象,目标完成时间会被延长。通过任务评价结果的及时反馈团队负责人可以根据目标完成的实际情况,将团队任务与成员个人情况进行分析,合理安排团队活动时间,结合团队激励制度维持团队成员的工作热情,保障团队取得高效的概率。

2. 降低"搭便车"现象的产生

大学生创新创业团队在项目进行时,目标任务的达成有时是以部门为单位分工,如果有团队成员的贡献与部门所得没有对应关系时,或者是激励措施不利时,都会造成每个成员产生机会主义倾向。"搭便车"现象会降低团队成员的工作积极性,长此以往彼此同化,积累到一定程度团队便会出现瘫痪状态。

为应对这种情况,团队负责人可以在组建团队时选择积极性较高的成员,并在团队管理中结合任务专门化以及优化绩效评估系统,通过反馈机制及时调整成员的工作分工,增强团队成员个人价值的获得感从而减少"搭便车"现象。

3. 培养成员信任感,合理处理团队冲突

团队合作时,成员间的高度信任对创建高效团队至关重要。一个团队如果缺乏信任则会产生机能障碍。因此,团队负责人应赋予每个团队成员相同程度的责权,秉着开放、诚实、协作的原则的同时鼓励成员的参与和自主性,形成信任的环境,从而帮到团队建立和维持信任的行为。也可以促使每个成员产生"主人"意识,更为用心的完成项目任务。由于大学生创新创业团队存在交叉型组织成员特性,团队成员有着不同的成长环境,每个人的性格也相差较大,在团队合作过程中,因项目任务或性格问题产生冲突是在所难免的。当团队产生冲突却不能及时解决时,将会导致目标的偏移甚至可能会导致团队的破裂或解散。良好的沟通则是解决冲突的重要途径,当团队产生冲突时,团队负责人应及时进行了解与协调,必要时举办团队交流会及团建活动,直面团队冲突问题并及时沟通解决。

(五)完善大学生创新创业促进机制

1. **大学生创新创业宣传机制**

政策实施离不开宣传。正如习近平在全国宣传思想工作会议上所指出的:宣传思想工作"要把围绕中心、服务大局作为基本职责,胸怀大局、把握大势、着眼大事,找准工作切入点和着力点,做到因事而谋、应势而动、顺势而为"。而大学生创新创业宣传工作也应如此。大学生创新创业工作需要立足实际,结合大学生的思维特点,将创新创业作为宣传的重要主题,形成宣传政策、内容、队伍、效果、评价于一体的体系化宣传机制，服务于大学生创新创业工作。从宣传政策上而言，在宣传大学生创新创业政策时，要根据大学生创新创业政策的原原本本进行传达，不变形、不变味、不走样；从宣传内容上而言，需要将大学生创新创业内容结合大学生思维特点和思想政治教育规律形成大学生易于接受，容易理解的话语体系进行宣传，确保大学生创新创业内容不歪曲、不变样；从宣传队伍上而言，需要将重视大学生创新创业队伍建设，将学校创新创业部门、教务处、学工部、校团委、产学研合作处、财务处、学院、创新创业社团、辅导员、专任教师、学生会各部门、相关人员协同推进大学生创新创业队伍建设，形成创新创业合力；从宣传效果上而言，需要高校宣传部门、思想政治教育部门、网络意识形态管理部门、学校信息中心等严格审核大学生创新创业宣传材料，鼓励大学生创新创业，根据大学生创新创业实际，打磨出优质的、符合中国特色社会主义核心价值观的宣传稿件，提高大学生创新创业宣传效果；在宣传评价上而言，需要根据大学生创新创业特点，形成客观、公正的大学生创新创业宣传评价体系，指导大学生创新创业。总之，高校统筹各种资源，形成宣传政策、内容、队伍、效果、评价于一体的体系化宣传机制，服务于高校大学生创新创业实践。

2. 大学生创新创业联动机制

大学生创新创业是一个复杂的系统，需要不同层级、不同部门、不同人员形成联动机制，提升大学生创新创业质量。从不同层级上而言，党中央、国务院、教育部、各省市、高校发布大学生创新创业政策，联动实施大学生创新创业活动，形成自上而下和自下而上互动机制，提升大学生创新创业实效，培养大学生创新创业能力；从高校不同部门上而言，学校党委、党政办、组织部、宣传部、产学研处、教务处、研究生院、学工部、招生就业处、科技处、校团委、后勤资产处、二级学院、学生会等部门形成联动机制，协同推进大学生创新创业工作，指导大学生创新创业工作走向实处，走向深化，服务于大学生创新创业实践；从高校不同人员类别上而言，创新创业指导教师、辅导员、思想政治教育专任教师、专业教师、管理人员、研究生导师形成联动机制，协同指导大学生创新创业活动，为大学生创新创业提供思路和方案，提升大学生创新创业能力。在不同层级上，党中央、国务院下发大学生创新创业政策、创新创业活动等文件指导全国开展"大众创业，万众创新"工作，打造"双创"时代大学生创新创业新局面；同时，高校要严格遵循党中央、国务院、教育部、各省市下发的政策文件精神，制定高校特色的创新创业政策和活动，有效落实上级精神，确保大学生创新创业走向实处。在高校不同部门间，教务处开展大学生创新创业训练计划项目、大学生电子商务"创新、创意及创业"挑战赛等创新创业竞赛的政策发布、立项实施、验收评价等；校团委开展"挑战杯"大学生创业计划竞赛、"挑战杯"大学生课外学术科技作品竞赛等竞赛的政策发布、项目审核、项目评选等；招生就业处大学生就业创业中心开展"互联网+"大学生创新创业大赛、大学生创业基金项目等政策发布、项目审核、项目立项、项目结项等。同时，二级学院积极协助其他部门宣传政策，鼓励学生积极申报，体验创新创业，感知创新创业，提高学生创新创业能力。基于此，不同层级、不同部门、不同人员形成有序联动机制，营造浓厚的大学生创新创业氛围

3. 大学生创新创业管理机制

大学生创新创业管理是在当前情况下，高校大学生创新创业人员通过执行计划、组织、领导、控制等职能，整合人财物资源，提升生产力水平。在大学生创新创业管理实践中，高校应制定大学生创新创业计划，比如每年的大学生创新创业工作重点、资金配备、大学生创新创业项目数量、人员配备、保障措施等，支撑着高校大学生创新创业工作的有序推进。

另外，高校应根据教务处、招生就业处、校团委、二级学院等不同部门的工作重点，为不同部门提供场地和人员，支持教务处、招生就业处、校团委、二级学院有序开展大学生创新创业训练计划项目、大学生电子商务"创新、创意及创业"挑战赛、"挑战杯"大学生创业计划竞赛、"互联网+"大学生创新创业大赛等大型活动，为高校开展大学生创新创业活动提供便利，旨在整合相关人力资源和智力资源，服务于高校创新创业工作。同时，学校党政机关要起到领导和统筹作用，确保各项工作有序开展。而教务处、招生就业处、校团委、二级学院等部门领导要做好各类活动的把关和审核工作，带领参与项目的成员各司其职、各尽其责，确保各类活动平稳推进。在此过程中，各职能部门需要领导好大学生创新创业教师队伍的管理，对大学生创新创业教师进行专业化培训，提升大学生创新创业教师队伍的纯粹性和专业性，确保大学生创新创业活动的有序性。从业务流程上而言，大学生创新创业管理机制还需要考虑各职能部门组织的大学生创新创业活动组织实施效果、方式方法的可行性、方案实施的周期性、高校大学生创新创业师生的满意度、活动的创新性等方面，进一步优化管理机制，提升不同部门大学生创新创业服务水平。

4. 大学生创新创业保障机制

大学生创新创业保障机制是确保大学生创新创业有序进行的重要机制。在大学生创新创业实践中，首要保障就是大学生创新创业政策保障。高校党政部门基于党中央、国务院、教育部、各省市发布的大学生创新创业政策形成高校特色的大学生创新创业政策体系支持着高校大学生创新创业活动的有序开展，指导着大学生创新创业能够在遵循大学生教育规律和大学生特点的情况下举办形式多样的大学生创新创业大赛，提高大学生创新创业的参与面和覆盖面，提升大学生创新创业活动质量。

另外，所有大学生创新创业政策实施均离不开资金的支持，因此大学生创新创业资金保障不可或缺。高校党政部门、职能部门要制定合理的资金预算，确保各项大学生创新创业活动有序开展。在制定大学生创新创业活动资金预算时，需要考虑大学生材料费用、奖金费用、创新创业指导教师费用、活动宣传费用、活动期间办公用品费用等，全方位地从资金层面支持大学生创新创业活动的开展同时，在大学生创新创业活动运行过程中，大学生创新创业服务保障尤为重要。在大学生创新创业活动中，需要组织志愿者、工作人员、后勤人员确保大学生创新创业活动过程中每个环节、每个细节、每个流程不因服务缺失而影响活动的顺利举行。最后，没有大学生创新创业组织保障，所有大学生创新创业实践都无法接续。因此，高校应重视大学生创新创业组织保障。从加强领导、发挥党团作用、完善评价指标体系等方面确保大学生创新创业组织保障到位，服务于大学生创新创业实践。

第七章 大学生新创企业的运营与管理

创业不仅是正在发展的企业追求卓越、再创辉煌的战略选择，而且也日益成为个人特别是大学生走向社会、获得成功的重要途径。近年来，全国高等院校普遍开设了创业管理的课程，就是对大学生创业积极支持和辅导的一个明证。本章分为新企业的创建流程、大学生新创企业的运营、大学生新创企业的管理三部分，主要内容包括新企业组织形式的选择、新创企业运营效能的提升、新时期企业经济管理创新等方面。

第一节 新企业的创建流程

一、新企业组织形式的选择

企业组织形式是指企业财产及其社会化大生产的组织状态，它表明一个企业的财产构成、内部分工协作与外部社会经济联系的方式。一般来说，企业组织形式有个人独资企业、合伙企业和公司制企业三种。每种组织形式均各有利弊，选择正确，便可趋利避害；选择不恰当，就会为将来的运作带来巨大的隐患。

（一）个人独资企业

个人独资企业是指依照《个人独资企业法》在中国境内设立，由一个自然人投资，财产为投资人个人所有，投资人以其个人财产对企业债务承担无限责任的经营实体。

（二）合伙企业

合伙企业是指自然人、法人和其他组织依照《合伙企业法》在中国境内设立的普通合伙企业和有限合伙企业。其中，普通合伙企业由普通合伙人组成，合伙人对合伙企业债务承担无限连带责任，有限合伙企业由普通合伙人和有限合伙人组成，普通合伙人对合伙企业债务承担无限连带责任，有限合伙人以其认缴的出资额为限对合伙企业债务承担责任。

（三）公司制企业

公司制企业简称公司。我国公司法所指的公司是指在中国境内设立的有限责任公司和股份有限公司。

1. 有限责任公司

有限责任公司是指两个以上股东共同出资，股东以其出资额为限对公司承担责任，公司以其全部资产对公司的债务承担责任的企业法人。这种公司本质上是一种合资公司，但与股份公司相比也有人合因素。

2. 股份有限公司

股份有限公司是指将公司全部资本分为等额股份，股东以其所持股份为限对公司承担责任，公司以其全部资产对公司的债务承担责任的企业法人。

二、新企业的注册流程

（一）企业名称预先核准登记

开办企业，首先需要为企业申请名称核准。企业名称经预先核准程序在企业设立前确定下来，可以使企业避免在注册过程中遇到因名称的不确定而使带来的登记申请文件、材料使用名称杂乱，并减少因此引起的重复劳动，对统一登记申请材料中使用的企业名称、规范登记文件材料，均有重要的作用。

1. 名称构成

企业（公司）名称一般由4部分构成：行政区划＋字号＋行业或经营特点＋组织形式。如"北京市志恒贸易有限公司"。申请企业名称时，应注意以下几点。

①企业名称中的字号应当由两个及以上的字组成，行政区注册公司的一般流程划不得用作字号。

②企业名称可以使用自然人投资人的姓名作字号。

③企业名称应当使用符合国家规范的汉字，不得使用外国文字、汉语拼音字母、阿拉伯数字、标点符号等作为企业名称。

④企业名称中不得含有其他法人的名称。

⑤企业名称中的行业表述应当为反映企业经济活动性质、所属国民经济行业或者企业经营特点的用语。企业名称中行业表述的内容应当与企业经营范围

相一致。企业名称有下列情形之一的，不予核准。

第一，同工商行政管理机关核准或者登记注册的同行业企业名称字号相同，有投资关系的除外。

第二，与其他企业变更名称未满 1 年的原名称相同。

第三，与注销登记或者被吊销营业执照未满 3 年的企业名称相同。

第四，其他违反法律、行政法规的。

2. 登记依据

①《企业名称登记管理规定》（1991 年 7 月 22 日国家工商行政管理局第七号令发布）。

②《企业名称登记管理实施办法》（2004 年国家工商行政管理总局第十号令发布）。

3. 办理机构

创业者到工商行政机关办理企业名称预先核准登记时，需要准备以下材料。

①全体投资人签署的《企业名称预先核准申请书》。

②全体投资人签署的《指定代表或者共同委托代理人的证明》，需写明具体委托事项、被委托人的权限以及委托期限。

③指定代表或者共同委托代理人的身份证。

④申请名称冠以"中国""中华""国家""全国""国际"字词的，提交国务院的批准文件复印件。

⑤对于特殊的申请名称，名称登记机关可以要求投资人提交相关的说明或者证明材料。

（二）准备身份证材料

①企业设立登记申请书。内含企业设立登记申请表、单位投资者（单位股东、发起人）名称、自然人股东（发起人）、个人独资企业投资人、合伙企业合伙人名录、投资者注册资本（注册资金、出资额）缴付情况、法定代表人登记表、董事会成员、经理、监事任职证明、企业住所证明等表格。

②公司章程（提交打印件一份，请全体股东亲笔签字；有法人股东的，要加盖该法人单位公章）。

③企业名称预先核准通知书及预核准名称投资人名录表。

④股东资格证明。

⑤指定（委托）书。

⑥经营范围涉及前置许可项目的，应提交有关审批部门的批准文件。

（三）网上申请

第一步：登录工商局网站。

第二步：找"在线办事"，注册账号并登录。

第三步：选择企业登记的选项，按要求填写，上传 PDF 材料，完成提交。

材料提交后，工商局会在 5 个工作日内进行审核，如果有问题会另行通知申请人修正继续提交，网上审查通过后，申请人需要跟工商局预约提交书面材料的时间。

（四）领取营业执照并刻制印章

预约工商之后，按照申请人预约的时间带着书面材料去提交。基本是当时提交当时受理登记。约 7 个工作日左右工商会电话告知领取营业执照，之后凭营业执照，到公安局指定的刻章社刻公章、合同章、财务章。一般在工商里面会有人员主动搭讪刻章，请选择有资质的、靠谱的、刻章的芯片在公安局有备案的机构办理。

（五）税务报到

新办企业在工商局办理完"三证合一、一照一码"登记后，应按照以下提示办理涉税报到事宜。

国税部门报到事宜：持营业执照副本原件、经办人身份证原件及公章，到当地国税局办理报到、信息补录、划分国税主管税务所等涉税事宜（国税应该暂时只能领取材料，等银行基本户开立后才能继续往下进行）。

地税部门报到事宜：持营业执照副本原件、公司章程（或相关协议）及公章，到申请人的主管税务所办理报到、信息补录和其他涉税事宜。

（六）银行开户

现在我们到了公司三证合一后公司注册登记的最后一个环节——银行开户。

带上营业执照及五章（有的地区现在是三章，北京现在还是五章）和法人的身份证原件，房屋租赁合同一份并加盖公章。

工商银行、交通银行、招商银行、建设银行等办理的时间很长，可以选择如浦发银行等这种银行。

第二节 大学生新创企业的运营

一、企业运营管理面临的问题

在企业的运营管理中，针对不同阶段运营管理的目标和业务现状，制定了多种运营管理办法，在一定程度上提高了运营管理水平，但部门之间沟通不畅、协作困难的问题仍然存在。同时，依据管理职能建立的客户关系管理、合同管理、项目管理、财务管理等信息化系统，彼此数据不连通主要表现在以下几个方面。

①预算编制。企业的经营指标下达至部门，未具体到项目，缺乏对项目的实际指导作用；成本费用归集不全，不能覆盖企业整个运营成本。

②经营考核。考核级别为部门级颗粒度有待细化；收入确认复杂，非全成本核算未能真实反映项目的实际盈利状况及企业整体经营状况。

③合同管理。无法及时了解和掌握相关项目的进展程度，导致合同收付款时间与项目进展不一致。

④项目管理。无法及时掌握项目的收支情况，经常发生成本不可控的现象且阶段成果完成后无法进行合同应收款预警。

⑤企业运营分析。统计数据取之于多个系统数据源不统一，统计口径不一致，降低了数据的可信度，且人工统计缺乏时效性无法进行经营预警等。

究其原因，主要在于企业的运营管理模式还是以传统的部门管理模式为主。近几年，工程行业许多企业开始尝试按项目进行管理，其核心是建立基于项目的组织管理体系，以有效解决部门协作不畅、责任划分不清、资源冲突严重、沟通效率低下以及数据不连通等问题。该管理模式大幅提升了企业的管理效率和竞争力，对软件及其他行业具有重要借鉴意义。

为解决企业运营所面临的上述问题，迫切需要将当前的运营管理模式从"以部门为单位"（以下简称"部门制"）向"以项目为单位"（以下简称"项目制"）进行调整建立以"合同为源头、项目为核心、报销为支撑"的运营管理平台，围绕不同级别管理者、决策者的关注点，进行不同维度的企业运营态势分析，有助于快速、直观、准确地了解企业整体运营状况。

二、新创企业运营效能的提升

（一）营运效能下滑的主要因素

企业的运营效能是一种综合能力的表现，其运营效能的高低既受外部因素影响，也受企业内部因素影响。就企业内部而言，突出表现在：一是运营效率，指对市场、客户、供应商、分包商和产业协同关联者的快速反应和处置能力；二是运营效益，反映企业控制运营成本，获取规模效益的能力。

"大企业病"的主要特征就是企业运行行政化、官僚化和复杂化，这是运营效能下滑的伴生现象。而造成运营效能下滑的核心原因就是"过度"，过度扩张、过度管理使得企业原有的资源优势无法承受过度发展的消耗，造成超负荷运行。就目前来看，有三大因素对企业运营效能影响的权重较大。

1. 组织架构过度扩张

随着生产规模的不断扩大，企业的组织体系也在不断重组和扩大，管理维度、管理幅度和管理层级都出现了变化，造成企业现有的管理力量被不断稀释，尽管人力资源也在快速补充，但合格人员的融入和培养不是一个简单的数学问题。

从维度看，相当多的企业开始实施全国化、全球化战略，但如果没有强大的总部保障能力，区域化管控就是一项严峻挑战；从横向看，有些企业为了取得全产业链竞争优势，在核心企业上下游都成立了配套的产业支撑企业，这样的产业链整合会形成一定的产业优势，但如果核心团队专业化能力不足，则培育期相当漫长。特别是一些企业为扶持新设企业，脱离商业模式转向行政化指令，只会大大提高运营成本，带来严重的"内卷式损耗"；从纵向看，一般施工企业的三级管理模式，开始向四级管理、五级管理方向转变，以应对管理资源的短缺。在组织架构过度扩张的过程中，作为施工企业最基层组织的"工程项目管理部"人员被大量分流，基本岗位人员严重缺编，企业的日常运营步履维艰。

2. 管理体系过度建设

随着管理幅度和层级的不断增加，人力资源的严重短缺，由此带来的管理和控制矛盾不断"激发"，使得大多数企业都感到需要进一步理顺管理体系、改进管理制度，体系化管理逐渐形成共识。体系化管理本身是一个正确、有效的管理理念，但运动式的体系建设，使得体系在企业内泛滥，有行业主导的体系建设，有条线主导的体系建设，有功能主导的体系建设，到处是"横向到边，纵向到底"，出发点都是善意的，但后果是伤害性的，企业已经被摊薄的管理被进一步"内卷"。特别是伴随体系化建设而产生的流程化、痕迹化思维，使得企业陷入"文山会海"的战争中，生产经营能力被进一步削弱。

3. 责任落实过度转移

目前，企业要承担的责任非常多，不仅要承担企业的发展责任，也要承担诸多的社会责任，对于企业外部要求的责任，企业无法拒绝，但应在企业层面自我加压、自行消化。但对企业内部的诸多责任就必须科学评估，分清责任主体和各层面责任，不能打包转移、层层转移到最基层组织，因为有些责任不应该由最基层组织来承担。施工企业的最基层组织就是"工程项目管理部"，它存在的主要作用是实现合同履约，建好每一个工程，它不是一级单位，仅是企业的派出机构。而我们往往把项目部当成一个基层单位来管理，把许多应该由企业来承担的责任简单粗暴地转移到项目部，造成项目部力不从心。任何责任都可以进行分解，责任落实要在前端托底，不能无限传递。从管理效率的角度看，项目部不应承担过多的责任。

（二）提高运营效能应解决认识上的几大误区

扩大企业规模，建设管理体系，落实管理责任等一系列企业重大举措，都是推动企业进一步发展的必要、必需的战略，之所以对企业运营效能产生负面影响，是因为在实践中出现了"过度化倾向"，在认识上出现了"误区"。这些管理误区主要体现在以下3个方面。

1. 企业扩张要遵循市场原则

一个企业要新设机构或公司，必须对其成立条件进行评估。一是这个新设企业对企业发展的战略意义是什么，它靠什么产出推动企业更快发展；二是和市场上同类企业相比，它的竞争优势在哪里；三是其领军人员及相应的核心团队在同类企业中是否是领跑者；四是对它的资源投入是否会影响企业的正常运行；五是投入产出比是否合理。对此，许多企业往往感性多于理性。此外，这个新设企业在运作中也要遵循市场原则，这个市场原则就是价格优、服务好。价格优就是在支撑企业核心业务时，它始终要比市场上同类企业有较大幅度的优惠；服务好就是其响应度优于市场同类企业。只有这样，这个新设企业才是良性接入产业链，否则一旦形成产业链"共吃"核心企业的情形，则必然导致严重的"内卷"。此外，没有一家企业可以穷尽产业链，在产业链建设中同质化众多的环节一般拟采用控股或参股方式构建产业延伸。

2. 管理体系运转要有动力加持

管理体系运行本身不是永动机，它的运行需要有动力输入和能量支撑。

首先，管理系统越庞大、越复杂，需要维持系统运行的能量就越大，而这种能量本质上讲就是管理资源，其核心就是各层面员工的工作付出。很多人不明白这一"能量定律"，一味注重管理系统设计的完美，对一些非核心环节也做出了繁杂的设定，没有考虑系统运行的投入产出效果，使得每一个系统的运行都在最大化地消耗企业管理资源。此外，一个企业多系统同时运行，系统与系统之间衔接有空间、标准有差异、输出多样化，更加剧了企业管理资源的消耗。企业各层面领导为了维护这些管理体系的运行，不得不增加员工数量以应对内部管控要求，其最终结果是二线、三线总部人员剧增，一线"战斗人员"被不断抽血，应对市场、组织施工的管理力量被不断削弱，施工企业的核心竞争力、战斗力普遍下滑。

其次，在系统设计上违反了"硬币定律"，也就是对一枚硬币的解析，要根据企业的性质和拥有的资源来决定解析程度，施工企业没必要把一枚硬币解析到分子层面，解析到物理层面足以满足我们的管理需要。过度解析是我们目前管理系统设计的最大问题。所以，企业管理系统的设计一定要评估自身的承受能力，不能一味照抄照搬书本知识或咨询机构的完美性方案，而要量力而行，更要进行效果评估，以确保企业现有的管理资源能承受得起系统运行的压力。

3. 管理制度建设要化虚为实

近年来，体系化、流程化、数据化、制度化建设成为一种主流管理思潮，这对企业的合规管理具有积极的促进作用。许多企业都非常注重管理制度建设，但在管理制度建设中一定要注重可行性、操作性和体系运行的"能量定律"，不能化简为繁，不能化实为虚。许多企业管理制度汇编可以装订成几本"辞海"的厚度，甚至个别企业管理制度汇编成稿后有近800万字数，非常壮观。但仔细研究其内容后出现几大通病，一是核心管理制度非常简单，但辅助管理制度非常完美，本末倒置现象非常严重；二是定义不清、界定不明、条文表述模糊或宽泛化情况非常严重，不是精通这方面业务的人员很难把握，造成很大的执行异议；三是制度版本更新严重滞后，一部制度后出一系列补充通知，制度已面目全非，但版本不及时更新；四是出现概念性制度，如社会责任履行、全面风险管理等非常宽泛化的制度，把工作报告转化成了制度，如何操作和执行成了"世界难题"。由于制度建设的庞杂和虚化，使得制度的执行难以落地，所以抓"执行力"又成了企业管理的新课题。对一个正常运行的企业，如果出现大范围的执行力弱化现象，一般都是两大因素引起的，一是一线工作人员严重超工作负荷，无力执行方方面面的规定；二是企业制度设计有问题，操作性不强或无法操作。

（三）提高运营效能的主要措施

提高和改善企业运营效能是一项长期的工作，也是关系到企业在市场竞争中存活和取胜的重要举措。尽管影响企业运营效能的因素众多，宏观经济、政策法规、行业走势等都会直接影响到企业的运营效能，这些外部因素企业只能适应和顺应。但企业内部体制机制的改善，管理体系和管理制度的梳理，对提高企业的运营效能具有很强的现实意义，目前有必要从以下3个方面入手改善。

1. 完善企业组织体制

目前，大多数施工企业实行条线负责制管理模式，企业基本没有运营管控部门，既没有专职的运营总裁（运营总经理）岗位，也没有对企业运营效能评估、监督、改善的职能部门。这一组织体制上的缺陷，如果是小型企业由总经理兼任运营总经理尚无大问题，但大型或超大型企业如果没有专职岗位和部门，则会影响到企业运营效能的改善和提高。

企业运营管理部门的核心任务是确保企业整体运营机能持续、高速、有效运转；企业运营管理部门的工作主要有：一是评估各功能块的运行效率和效果，如各功能块不能协同运作，则找出原因加以改善；二是评估各功能内部的运行效能，找出改进和改善的方向和路径，以提升各功能块的机能；三是对企业管理系统和管理制度进行评估、优化和升级，目前的主要抓手是减负；四是控制运营成本的不匹配增长，提出对策和措施。企业运营管理部门为保持自身工作的独立性，不宜主持或承担企业日常运作的具体工作，而应专注运营效能的协调、评估、优化、改进。而选好运营总裁（运营总经理）这一领头人直接会影响到这一部门的权威性、专业性和公信力。

2. 优化企业管理体系

目前，管理体系从多体系向一体化转化已成为共识，但许多企业的一体化建设仅仅停留在"合并同类项"这一阶段，这是非常粗糙的一体化建设，而且对企业运营效能的提高作用有限。企业管理体系一体化建设的核心是对现有的管理体系进行评估，找出核心体系也就是母体系，对母体系进行优化、改进和升级，以期实现最小负荷下的高速运转，才是一体化建设的本质所在。施工企业的母体系应以市场拓展、生产组织、财务管理、技术支撑四大要素为核心协同构建，其输出端应满足投标有支撑、施工有管理、项目有效益三大预设目标。在建设好母体系的前提下，建设或改善各类子体系，子体系运行的最大输出必须是对母体系的运行有直接的推动和改善作用，达不到这一预设条件的子体系必须精简或优化，不能出现母子体系颠倒的情形，也就是子体系在企业中不应过度开发，不能过度占用企业资源。

体系优化是一个企业自我诊断、自我纠偏、自我调理的过程，会引起各种矛盾和冲撞，但只有真正实现了一体化建设目标，施工企业才能在市场急剧变化的条件下保持持续健康的发展。

3. 梳理企业管理制度

目前，大多数施工企业都有了比较全面的管理制度，但在执行中往往不尽如人意，这并不是单纯的执行力问题，而是管理制度本身的不接地气。要梳理企业管理制度，首先，要在企业内明确一个主责部门，由其牵头梳理现有的管理制度，有条件的企业可以成立管理研究院，专业研究企业管理中存在的各类问题，管理也是一种生产力，科学的管理改进一定能再一次焕发企业的潜力。其次，要将制度点分级分层，制度的执行点、监督点、评价点都应尽可能简化，特别是执行点不能都下移到项目管理部，一旦执行点过于集中，任何管理岗位都会出现超负荷消化问题，结果就是不做或乱做，管理也就无法真正落实。再次，要将管理制度作为底线来维护，有条件的企业应将管理制度分成A、B版下达，A版制度就是底线标准，必须完全响应；B版标准属于预设标准，可以选择响应，这样底线有设定，提升有目标，是一种能动式的制度设计。最后，要将管理制度纳入岗位工作要求中，《岗位工作标准》的编订是一个企业管理上台阶的重要标志。将谁做什么、怎么做、结果是什么等问题全覆盖了，则工作荷载、工作评价、工作落脚点工作责任就明晰了，企业管理也就落到了实处。

三、新创企业的运营监控手段

（一）新型企业的财务共享

新型企业财务管理工作中会出现海量信息数据，对于这些信息，尚且没有很好的方法将其转化为财务共享服务真正需要的信息。首先，企业应该紧紧抓住战略发展目标，积极借助信息技术筛选海量数据中有用的信息。其次，企业还应当充分意识到数据信息处理的多样性，对于非机构化数据，新型企业应当充分意识到怎样利用机构化数据方法对财务共享工作进行有效创新。在开展实际工作的过程中，新型企业财务管理部门应当充分明确财务报表与非机构化数据两者之间的关系，充分保障非机构化数据辨识标准的科学性以及有效性，在财务报表中明确显示出非结构化数据。最后，新型企业应当积极借助先进云计算技术对财务共享服务中心进行分析，充分保障信息技术选择中存在的风险能够得到有效控制，并针对风险形成的原因做出相应防范。

当前人们应清楚地意识到：随着社会的不断发展与进步，人们在生产生活中越来越多地应用大数据，同时以往的财务共享方式得到了彻底转变，新型企业内部的管理模式也相应得到了改变。大数据信息开始向着多元化方向发展，企业内部已经不能仅局限于数据的整理与搜集工作，而是要充分涵盖企业运营发展过程中的每一个环节。此外，在这样的财务管理工作模式下，企业与企业之间边缘逐渐模糊的问题更加明显，因此企业应当保障自身财务共享范围能够得到充分拓展。

（二）新型企业的人力资源运行监控

首先，企业应当对自身基础数据管理的规范性进行强化，确保员工资历、考勤以及薪酬等基本数据的准确性。同时对企业自身的基本业务流程进行科学规划，保障企业规定的程序能够严格按照相关标准展开，保障企业招聘等工作环节业务的规范性。其次，企业应当重视对于内部工作人员的行为规范，确保各个工作人员都能够严格要求自己，合理开展各项管理工作。最后，企业应当充分参照自身实际情况选择人力资源信息化软件，并且以企业实践的实际情况为基准随时进行调整。

在过去很长一段时间内，我国很多企业内部机构都是"金字塔"形式架构，而信息化时代的到来，要求企业内部机构的架构形式向着"扁平式"以及"矩阵式"发展。因此，企业应当对自身内部组织的架构方式不断优化，保障企业自身发展能够充分迎合新时代的价值体系转变。与此同时，为了最大限度地避免信息化管理模式对企业员工职业以及岗位产生不良影响，企业同样应当严格以自身发展战略为基准，逐步优化与调整信息化管理方式，促使企业内部组织架构得到充分精简，确保成功规避重酬重岗的情况发生，逐步提升企业自身的综合竞争能力。

（三）新型企业的预算监控

面对当下快速发展的互联网技术，新型企业应当积极利用网络技术保障自身全面预算管理编制的质量得到有效提升。首先，企业需要建立一个完善的组织机构，真正实现对于企业各个部门的集中管理。例如，针对预算编制完全由财务部门单一负责的现状，企业要及时构建完善的预算管理机构，真正实现对于预算的集中管理。对于各个部门的预算职能，企业应当进行细分，确保全面预算能够落实到具体岗位。其次，企业应当对预算编制模式进行创新，真正实现多元化的预算编制，在进行全面预算的过程中企业应当对多个部门的信息进行充分融合，及时建立基于大数据的全面预算编制平台，在预算编制体系中融入大数据平台，保障全面预算编制的丰富性得以提升。例如，在进行成本控制过程中，传统的成本控制主要控制原材料的价格，但是市场的原材料程度变化十分频繁，传统成本控制手段难以充分发挥效用。企业可以充分利用大数据平台建立一个供应商数据库，通过筛选与对比选择企业真正需求的供应商，促使企业生产成本得到有效控制。最后，企业应当确保自身信息化建设得到强化，真正在信息管理过程中纳入集团的所有业务，保障产品生产全过程形成一体化管理方式，确保企业财务融合程度得到充分提升，有效监控预算。

企业真正实现预算管理的基础与前提就是加大全面预算的执行力度，而完善全面预算管理程序可以通过以下方式进行：首先，企业应当积极建立规章制度，建立严格的全面预算执行制度，在具体的工作岗位中落实各种规章制度。作为执行全面预算管理工作的基础，建立完善的规章制度并对制度进行大力宣传，每个员工都应该树立与制度息息相关的意识，自觉执行与遵守各种制度。其次，要保障全面预算制定过程中的监督得到强化，为各种监督管理制度落实到工作实处打下坚实的基础。例如，企业要充分利用大数据技术监督和落实全面预算管理工作。最后，企业应当根据自身实际情况设置预警指标，及时反馈超预算的行为，确保在合理的范围内控制风险。

（四）强化管理人员的培训

现阶段，新型企业运营监管的成效在某种程度上受企业管理人员以及数据技术人员专业水平和综合素质的直接影响。针对当下新型企业现有的人员结构而言，专业数据人员是当下很多企业都十分缺乏的。面对大数据的时代背景，企业数据技术人员应当充分掌握以下几种能力：首先是市场营销知识，其次为信息处理技术，最后是运营管理知识。数据技术人员从属于企业的IT部门，现代互联网的发展使数据技术人员被更多人认可。通过对数据的整合和分析能够充分保障新型企业与社会之间的对接，数据人员工作的开展能够充分保障企业管理者制定合理的管理方案，保障企业管理水平得到提升。

而要真正保障企业数据技术人员的综合素质以及专业技术得到有效提升，企业还应当充分保障对数据人员的培训进行强化，保障人员培训方面的资金投入能够进一步加强。企业在针对数据技术人员进行培训的过程中可以采用多种方式，例如委派数据技术人员外出学习，或邀请一些相关专业人士到企业中举办专业座谈会。同时企业内部数据技术人员在日常的工作过程中也可以积极进行工作经验交流，促使自身的知识储备得到有效丰富。企业应当针对数据技术人员的实际工作情况制定内部设置机制，对于一些表现突出的优秀员工给予一定的物质以及精神奖励，保障数据技术工作人员的工作积极性以及热情得到充分提升。

（五）风险信息化建设

在企业的生产经营过程中，各项业务应当积极融合风险管理信息化，进而在企业风险管理控制方面发挥最大价值。首先，企业应当明确市场风险管控作用。对于任何企业而言，最大的风险都是市场风险，企业在面对竞争如此激烈的市场环境下，只有有效控制市场风险才能够保证企业获取正确的投资方向，相反会给企业带来破产的风险。因此，企业应当明确市场风险防控关键点，积极建立起基础的信息资源体系，提供有效的信息支撑促进生产经营管理以及发展战略的决策，企业应当通过各种手段对市场风险进行识别、风险等级分析、风险评估、风险预警以及风险控制，及时掌握市场的变化，了解国内外经济形势对自身所带来的负面影响，最大限度地降低市场风险。

第三节 大学生新创企业的管理

一、新创企业经济管理

（一）新创企业经济管理的背景

1. 现代化转型升级

在新时期背景下，企业追求经济管理创新，是为了能够助力企业管理制度的现代化转型升级，是为了保障企业能够在新时期挑战与机遇共生的社会经济背景环境下稳定可持续地得到发展。企业的经济管理制度和方式要随着时代的变化发展而进行调整，要认清当前市场的变化，立足于企业自身，提高企业自身的竞争力。企业进行经济管理创新，通过变革内部管理制度以及对各个部门的管理方式，来升级完善企业的内部控制和管理制度体系。因此，为企业的发展注入源源不断的动力,在这个竞争激烈的市场环境中站稳脚跟,必须从内部控制和管理出发,改革企业内部控制和管理机制,创新经济管理制度。

2. 创新发展

创新是事物发展的动力,是在当前这个新时代,企业发展最需要的动力。推动企业经济管理创新是时代发展变化基础上对企业继续长久发展提出的必要发展策略,是企业创新发展的必然选择。企业要想在这个机遇和挑战共存的新时期得到长久的发展,获得未来继续发展的活力,就必须要对企业的管理命脉进行创新。只有这样,新时期的企业才能够应对挑战,抓住发展机遇,在新时期社会主义市场经济条件下,获得可持续发展。

3. 经济管理风险

企业在新时期背景下,面临着动荡、竞争压力巨大的市场条件,新时期的到来给企业带来了一些不可预测的风险。而要应对新时期带来的经济管理风险,必须要从经济管理本身出发,推动企业经济管理制度的创新,放弃以往的效果有限的经济管理模式。贯彻落实新时期下创新的经济管理模式,能够在一定程度上降低企业在新时期发展过程中面临的经济管理风险。新时期,企业推动经济管理创新,是降低企业在这个百年未有之大变局的新时期背景下各类经济管理风险的必经之路,是企业稳定发展的"定心丸"。

(二)新创企业经济管理创新的方法

1. 经济管理观念创新

经济管理理念落后是新时代企业经济管理创新的重要问题,也是新时期背景下企业进行经济管理活动难以获得较高效率和质量的重要原因。企业经济管理理念落后主要分为两个部分,一是企业的高层管理人员经济管理的理念不符合现代化建设的速度和方向,二是企业的经济管理人员没有能够与时俱进,改变经济管理工作方式。无论是哪个部分,都会导致整个企业经济管理观念效力的降低,不利于指导企业开展高效的经济管理工作。

首先,企业的高层管理者经济观念落后,大多都是因为思想上保守成就,不愿意冒险对企业进行创新和改革。同冒着创新改革的风险相比,企业的管理者更倾向于墨守成规,按照以往的经济管理和企业发展模式进行经营管理,而忽视了整个经济市场发展的大环境和大背景。而企业的经济管理人员以及相应的企业员工经济管理观念落后,大多都是因为惯性,因为长时间固定的经济观念指导下持续工作了很长时间，形成了思维惯性，更习惯于按照以往的经济管理观念指导工作。

基于此，企业必须立足于新时期发展的时代背景，深入探究市场经济发展的变化，并且根据变化落实新经济管理观念以及相关的企业经济管理调整政策，以推动企业思想观念创新氛围的营造。企业的高层管理人员要主动地去了新时代的新局势和新变化，参与各种研讨会，升华自己的思想，以推动经济管理观念的改革创新。而对于企业的经济管理人员而言，更是要时刻关注市场动态变化，转变思想观念，敢于创新实践，及时调整企业的经济管理策略，积极地参加相关的工作研讨会和经济管理创新讨论等，推动企业经济管理观念的转变。

2. 经济管理制度创新

体制机制的僵化直接导致了企业现代化转型进程的延缓，不利于企业建立起现代化的内部控制管理制度体系。企业经济管理体制机制的僵化体现在多个方面，也产生了各种各样的弊端。企业体制机制的僵化不仅仅是管理制度和方式的落后，还有制度体系不完善和不规范带来的一系列问题。新时期，企业经济管理体制机制僵化的表现主要体现在企业经营管理制度不够规范、企业的人才管理制度不够高效，对经济管理活动的监管制度不够完善等。

对于新时期企业存在的各种体制机制方面的问题，企业应当逐一进行研究，有针对性地对各个管理方面存在的问题进行解决，并且完善企业的相关的管理制度，以提高企业的现代化治理能力，建立完善的内部控制和管理制度体系，助力企业持续高质量高速度成长。首先，企业要完善内部控制管理制度体系，根据新时期的实际变化对企业经营管理制度进行调整，以做出更加科学合理的方案决策。其次，企业还需要加强企业内部的人力资源管理，建立有效的人才评价和激励制度体系，确保企业员工能够各司其职，在岗位上充分实现和发挥自身的价值。为了充分激发员工的工作积极性，为员工提供稳定且无后顾之忧的工作环境，企业还需要建立起员工生活保障机制，为员工生活提供基础的生活保障。

3. 经济管理手段创新

随着信息化时代的发展，信息网络技术已经成为企业进行经济管理的有效工具，能够极大地推动生产力的转变以及企业经济管理手段的优化。在新时期背景下，仍然有不少企业仍然坚持用传统的经济管理工具和手段来开展经济管理活动，没有能够随着信息数据技术的发展而更新企业的经济管理工具，导致企业的经济管理效率迟迟难以提升。在信息时代，信息技术是企业创造更高价值的重要工具，是提高企业核心竞争力的武器。企业应当对其进行深入全面的认识和了解，并且将其作为高效的经济管理工具进行适应性调整，使其更加适合企业经济管理行为和活动。企业可以借助信息技术，可通过平台形象展示出大数据的优势，引入大数据技术、云计算和云储存等技术来提高经济管理效率和水平，更加深入切合新时代的市场环境。比如在营销方面，互联网信息技术便发挥着越来越重要的作用。因此，企业要推动营销方式的数字化，推动建立和建设和完善线上线下双营销渠道，增强企业产品的影响力。企业可以引入大数据技术充分分析消费者偏好和市场走向，精准定位投放产品，以提高产品的市场对口程度。

此外，利用大数据技术，企业精准定位消费者，还可以一对一地和消费者建立线上交流，增强消费者的消费满足感，提升企业在消费者心中的形象，建立起人心向背的品牌。此外，在人员管理方面，互联网信息技术也能够产生事倍功半的效果。企业可以利用网络信息技术建立起智能化，信息化的管理体系。总之，企业应当充分利用一切可利用的网络信息技术来武装企业的经济管理制度，改变企业的经济管理技术，以提高企业管理的智能化水平。

4. 经济管理人才创新

人才是现代化企业竞争的核心竞争力，是评判企业是否具有长远发展潜力的重要标准。加强对企业的人才管理，是推动经济管理制度创新的重要方式。企业在进行经济管理制度创新的时候，要优秀对企业的经济管理人才进行教育和培训，培养出更加适合企业经济管理制度现代化转型升级的现代化人才。当前企业的人才队伍组织结构不够完善，人才质量也达不到企业经济管理创新的要求。企业要全方位进行人才审核和管理，从多个方面提高企业人才的质量。

从人才选拔来看，企业要有针对性地拔高选拔门槛，摈弃传统的单纯依靠学历而选拔人才的方式，尽可能选择综合评估结果更高的经济管理专业优秀人才。企业提高选拔经济管理专业人才的门槛不是要拔高其学历证明的门槛，而是要拔高其综合能力和素养的门槛。在选拔出拥有更高素质水平的人才队伍后，还需要通过对企业员工的深度培训，对其进行集中和分散结合的专业技能和工作培训，以增强人才与企业实际管理工作的匹配状况和契合度。

集中化管理：是企业要对新入职的经济管理队伍以及老员工队伍进行经济管理专业知识技能的培训，加强巩固经济管理工作成果，集中化规范企业员工的经济管理工作行为习惯。分散化管理是要针对不同的经济管理部门的人员进行针对性的管理，强化其专业工作技能，通过开展专业部门培训和交流活动等方式，来促进各经济管理部门人员之间的联系，让各部门人员之间互相学习和矫正，成为更加适合企业经济管理活动的人才。

5. **经济管理技术创新**

大数据技术等互联网信息技术的快速发展以及应用成本的下移是新时期时代发展的一个显著特征，作为新时期企业，更是要立足于新时期的发展，积极地吸收先进技术和发展经验，将其转换为企业自身发展所需要的技术，推动企业财务管理信息化、会计核算电算化、市场营销网络化等等。通过对企业各个经济管理部门管理技术的创新，能够极大地提升企业的经济管理效率，为企业外部发展创造良好的内部管理环境。经济管理技术创新，是要为企业的经济管理工作引入大量的现代化信息技术进行加持，改变传统的经济管理办法，利用更高水平的生产力推动整个企业经济管理水平的提升。

比如说对于手写记账的传统会计核算和财务惯例方式，企业应当在一定程度上进行创新，在保留必要的手写账本的基础上，推行无纸化记账，并且建立可供监督部门以及企业高层管理人员检查的公司内部网站，将各类报表上传到网站上以供随时随地的检查。企业要在现代化转型升级过程中，加强企业网络基础设施设备的建设，完善企业的互联网基础设备，加大对经济管理先进技术的研发投入，不断地提高企业经济管理的技术水平。

二、新创企业人力资源管理

（一）人力资源管理中存在的问题

1. **绩效考核制度不完善**

（1）绩效管理制度形同虚设

目前，大部分员工不明确自身绩效考核的具体流程和目的，并且绩效指标已经无法有效反映员工的工作状况，一些员工很努力工作但并未取得相应的回报，这就出现了工作随意性的问题，多少都是一样，所谓的绩效评定就是管理层对员工行为进行约束并体现自身权力的一种形式。

（2）薪酬回报体制不完善，缺少有效的激励制度

员工对企业薪酬极为不满，除了因为工资、待遇等较差，还在于企业并未制定出完善的规章制度。大部分企业将人资管理看作一种经营战略，但这方面仍存在较大的不足。员工除了重视薪酬及福利之外，对其公平性也十分重视，而企业目前所制定的薪酬及激励质素远远不能满足员工的期望。

2. 培训机制不完善

（1）培训机制不具备综合性

大部分员工所运用的工作模式过于传统，思想也十分落后，缺少强烈的创新及服务意识。而企业恰恰忽视了这群人员的培训工作，没有建立统一的培训制度，即便开展了培训工作，也只是业务性的，并未针对员工的素质进行培训。

（2）培训机会不足

对于管理人员而言，企业大多重视其业务培训，并未考虑到管理人员在企业战略实现及发展中的作用，因此企业没有为员工提供充足的培训机会。

（3）培训方法较为传统

目前，大多数企业所开展的培训工作基本都是走流程，所运用的方法较为传统，不仅需要大量的时间和精力，而且也无法取得预期的效果，同时在培训的工作中缺少了现代化技术。

（二）企业人力资源管理的强化措施

1. 制定完善的人资管理制度

在企业的发展中，规章制度是根本。企业若要取得发展，就必须制定完善的规章制度并切实落实。实际上，如果企业在人资管理方面的制度无法得到较好的落实，将会导致企业员工不重视制度，从而出现诸多不满情绪。企业使员工保持良好关系的关键在于保证竞争的公平性，为员工营造公平的晋升及考核机会，明确奖惩制度，只有这样才可以使员工真正感受到自身的重要性，进而提升员工的满意度，保持人力资源的稳定性。在企业整体的发展中，团队的稳定性有着十分重要的作用。企业需要投入大量的人力、物力来提升员工的工作技能，这是企业资本的主要方面。判断企业人资稳定性的指标就是人事变动的统计，并对发生变动的员工数量进行计算。对此，企业要确保规章制度的公平性，尽可能留住有能力、有热情的员工，并依据企业的规章制度来分享企业发展的机会，这样才会为企业反馈较好的正向效果，使员工的满意度不断提升，从而为企业发展做出更大的贡献。

2. 强化评优奖励机制建设

（1）建立激励性的薪酬机制

对于普通员工而言，可以根据各个部门的实际特点来制定完善的薪酬机制。对于一些对外的业务员，可以基于现有的薪酬来不断提升相应的比例，依据各个部门为企业所做出的实际贡献来计算奖金。对于基层人员，可以根据考核的评分机制来分配薪酬，例如，评分越高，其薪酬也会越高，而评分较低的员工如果不断以降低薪酬的方式来进行处罚，必定会导致员工的满意度持续降低，但企业可以基于原有的薪酬给予一定的资金处罚并进行教育。对于中层的管理人员，可以遵照其为公司做出的贡献给予一定的奖励。目前，企业员工大多不满意中层管理人员的薪酬待遇。对于中层管理人员而言，其晋升、薪酬、业绩等所占据的比重是十分明确的，如果付出与回报不相匹配，长此以往将会出现逆反或者跳槽的心理，这会对人资管理产生较大影响。因此，可以依据中层管理人员实际的绩效考核指数来适时调整薪酬比例。

（2）建立有效的激励制度

在建立健全绩效考核机制之后，企业需要针对不同的员工来制定不同的激励政策。基层员工的薪酬水平常常处于最低水平，对于这些阶层员工而言，企业应当采取相应的资金及物质奖励，并以晋升与培训为辅。对于中层管理人员而言，他们的收入相对较高，更加重视晋升的机会，也十分关注领导的肯定。对于高层管理者而言，则可以基于其所在部门为企业所做出的贡献来开展针对性的考核，对于考核结果较好的可以通过给予分红的形式来进行奖励。对于阶层不同的员工，其所需的奖励也是不同的，在制定机制的时候需要对企业进行调查，根据各个部门的实际情况来制定出完善的计划。

3. 重视员工的身心健康

（1）从身体的方面出发

首先，企业需要对员工的就业环境进行改善，为员工营造一个良好的环境，使员工可以更好地工作。其次，企业要针对员工的年龄情况制定问卷以展开调查，依据结果设置专业的娱乐场所，并为员工免费提供最基本的娱乐保障。为激励员工锻炼，企业还要不定期举办相应的竞赛，如篮球、羽毛球等。

（2）积极改善员工的心理状况

对于员工的心理，企业应当重视其健康程度，对于心理压力较大的员工，企业应当采取有效的措施加以缓解，从而使员工具备良好的心理状态。近年来，富士康频繁爆出员工因压力较大而选择自杀的新闻，为了改善这一问题，首先，可以不定期举办心理健康讲座、心理知识普及活动，使员工可以控制自身情绪，释放自身的情绪以确保心理的正常。其次，部门管理人员要重视与关心员工的心理状态，及时找出员工的心理问题并帮助其加以解决，避免员工因严重的心理问题而出现无法逆转的后果。最后，企业要构建良好的企业文化，使员工可以在较好的氛围下开展工作,使员工可以保持最佳的工作状态,尽可能缓解心理压力,避免员工出现心理问题。

4. 制定完善的弹性制度

(1) 以弹性福利来激励员工

首先,企业必须充分把握员工的实际状况。企业可以通过各种调查形式收集员工的实际需求,并与自身的发展状况及行业其他企业的状况相结合,不断改善自身的福利形式,制定完善的福利发放计划,并严格遵照规定来进行落实,确保弹性福利的效用得到充分发挥。

(2) 制定完善的弹性福利并切实落实

企业要依据自身的宏观计划,分阶段实施弹性福利计划。一方面需要充分调动企业的人力、物力等,另一方面需要积极调动员工的工作激情,以利益来诱导尽管十分直接且有效,但是以企业文化、人文关怀等弹性福利来激励则可以收获员工的好评,例如,给予员工合适的旅游机会等符合员工个性化需求的措施,并利用这些措施帮助企业获取大量忠诚的员工,为企业创造巨大的收益。

5. 重视企业人文关怀

在现代社会,企业若要取得长久发展,就必须依靠员工的努力。只有切实提升员工的满意度,开展严格的人资管理,企业才可以取得持久稳定的发展。如今,社会已逐渐发展为知识经济时代,企业的竞争也逐渐转变为人才的竞争。人才是第一要素,技术与经济尽管也十分重要,但这两种因素若要充分发挥作用,其关键在于人才。如果企业不具备较好的人资管理制度,那么企业无法正常开展管理工作,员工的积极性也会逐渐失去。长此以往,企业的发展将会无法进入良性循环。

因此,企业必须保持良好的人文关怀,对人文关怀提升人资管理的作用进行充分全面的认识。一般而言,员工如果不满意自身的工作状态,那么他们常常会懈怠工作,从文化及精神的方面对企业产生不认同感,而这些因素将会严重阻碍企业的发展。实际上,员工大多对自身的状况表现出较大的不满,整体而言,这些员工从来没有从企业中得到足够的精神关怀。因此,企业必须高度重视员工工作。在现代化的人资管理理念中,人们越来越重视"软管理"。换言之,企业不仅要具备健全的规章制度,而且要拥有较好的企业文化。

参考文献

[1] 傅安洲. 大学生创新创业教育的理论与实践 [M]. 武汉：中国地质大学出版社，2015.

[2] 屈振辉，夏新斌. 大学生创业基础 [M]. 成都：电子科技大学出版社，2015.

[3] 陈丽，丁付斗. 大学生就业与创业指导 [M]. 上海：上海交通大学出版社，2015.

[4] 杜志敏，李伸荣. 大学生就业指导与训练 [M]. 北京：中国铁道出版社，2015.

[5] 王英，赵宝新. 大学生创新创业教育与就业指导 [M]. 北京：教育科学出版社，2016.

[6] 刘莹. 大学生职业发展指导与创新创业教育 [M]. 沈阳：东北大学出版社，2016.

[7] 耿丽微，赵春辉，张子谦. 高校大学生创新能力培养与创业教育研究 [M]. 成都：电子科技大学出版社，2017.

[8] 王艳茹，王金诺. 大学生创新创业指导 [M]. 成都：电子科技大学出版社，2017.

[9] 张丛，于元涛，刁玉锋. 创新创业教程 [M]. 上海交通大学出版社，2017.

[10] 孙凌云. 大学生就业指导与创新创业教育 [M]. 济南：山东人民出版社，2017.

[11] 董海林，杨雷. 大学生创业实务 [M]. 徐州：中国矿业大学出版社，2017.

[12] 许东晖，张婷. 大学生创业研究 [M]. 成都：电子科技大学出版社，2017.

[13] 杨青山. 基于"两个融合"的大学生创新创业综合实践基地建设与实践研究 [M]. 桂林：广西师范大学出版社，2017.

[14] 伍祥伦，何东，杨德龙. 大学生就业指导与创新创业教育 [M]. 北京：科学出版社，2017.

[15] 张卿，王孝胜. 大学生创业基础 [M]. 北京：国家行政学院出版社，2018.

[16] 谢艳. 大学生创新创业思维导论与实践 [M]. 长春：吉林大学出版社，2018.

[17] 林晓丹，吕聪玲. 基于社会主义核心价值观的大学生创新创业教育指导研究 [M]. 北京：中国铁道出版社，2018.

[18] 高健，南亚娟，倪慧玲. 大学生就业指导与创业教育 [M]. 天津：天津科学技术出版社，2018.

[19] 苏白茹. 大学生创新创业基础 [M]. 厦门：厦门大学出版社，2019.

[20] 单林波. 大学生创新创业思维与方法研究 [M]. 北京：中国商务出版社，2020.

[21] 陈筱. 新形势下提升大学生创新创业心理素质的途径研究 [J]. 中国多媒体与网络教学学报（上旬刊），2020（11）：153-155.

[22] 张发勤. 构建高校大学生创新创业教育服务平台的诉求、阻碍与策略 [J]. 北京城市学院学报，2020（05）：76-82.

[23] 周叶，王青青. 大学生创新创业行为的影响因素与培育路径 [J]. 创新与创业教育，2020，11（05）：68-77.

[24] 周蕾. 创新创业视域下大学生社会责任感培育研究 [J]. 创新创业理论研究与实践，2020，3（20）：148-149.

[25] 钟绵堂. 社会责任视角下大学生创新创业孵化基地建设成效研究 [J]. 大众标准化，2020（20）：223-224.

[26] 王友满. 双创背景下高校大学生创新创业研究 [J]. 人才资源开发，2020（20）：51-53.

[27] 林强. 自媒体技术在大学生创新创业实践中的应用 [J]. 轻合金加工技术，2020，48（10）：70-71.